Comprendre Freud

Historique pour une lecture de Freud

Dans une certaine mesure , les problèmes sont ceux à prévoir dans la lecture des œuvres européennes de presque n'importe quel type qui sont vieux de 35 à plus de f0 ans . Certains terminologie est lié à être dépassée , quelques références à des œuvres scientifiques ou littéraires ou alors - actualité que Freud pouvait assumer ses lecteurs contemporains connaissaient transmettre plus rien ne ou même donner des impressions trompeuses ; et un lecteur américain qui ne connaît pas les classiques de la littérature du continent est particulièrement handicapé . Dans une large mesure , mais pas complètement , le rédacteur en chef dévoué de Strachey anticipe ces problèmes et ses notes fournir des explications utiles .
D'autres problèmes découlent de l' habitude de Freud de temps en temps en supposant que le lecteur savait
ses œuvres précédentes , même ceux qu'il inédits. Ainsi , une grande partie qui a été déconcertant sur
Chapitre 7 de L'interprétation des rêves (Freud , 1900) ee.g. , sa référence à la undefined et inexpliquée - systemsebecame intelligible seulement après la publication tardive
de la kProjecti (Freud , 1F95) . Mais en tout cas , de nombreux élèves de Freud ont souligné
la nécessité de le lire seguentially . Sa pensée ne peut se comprendre que si son idées en développement sont sortis de leur contexte . Heureusement , l'ordre chronologique
commande de la Standard Edition et de ces résumés encourage une telle lecture .

LE DÉVELOPPEMENT DE idées de Freud
Il y avait quatre grandes phases qui se chevauchent et des travaux scientifiques de Freud :

Une . Son travail prepsychoanalytic , qui a duré environ 20 ans , peut être subdivisé en un 10 premières années de principalement histologique - la recherche anatomique et un 14 ans qui se chevauchent partiellement de la neurologie clinique , avec une attention croissante à la psychopathologie , à partir de 1ff6 quand il revint de Paris .
2 . La première théorie de la névrose date de la décennie des 1f90 , époque où Freud a utilisé
hypnose et la méthode cathartique de Breuer de la psychothérapie , développement progressif de l'
méthodes psychanalytiques de la libre association , l'interprétation des rêves , et l'analyse de
transfert . Les premiers papiers Dolen vraiment psychanalytiques sont apparus pendant ce temps,

exposer le point de vue que la névrose est une défense contre des souvenirs intolérables d'un traumatisme
experienceeinfantile séduction de la part d'un proche parent . Avec la découverte de son
propre complexe d'Œdipe , cependant, Freud est venu pour voir que ces rapports de ses patients
fantasmes , qui l'a conduit à transformer son intérêt à partir des événements traumatisants dans la réalité extérieure
et vers la réalité psychique subjective . Un événement notable mais seulement découvert récemment dans le
le développement de la pensée de Freud s'est produite dans 1F95 après la publication du livre, il
écrit avec Breuer . Il a écrit , mais n'a pas publié de kPsychology pour Neurologistsi (ou kProject d'une psychologie scientifique , i ci-après dénommé simplement kLe projecti) , présentant une
anatomique complète - modèle physiologique du système nerveux et de son fonctionnement
dans le comportement normal , la pensée et les rêves , ainsi que dans l'hystérie . Il a envoyé à son ami
Fliess en haute excitation , alors guickly devenu découragé par les difficultés de la création d'un
psychologie mécaniste et réductionniste en profondeur . Il bricolait avec le modèle de quelques années dans des lettres à Fliess , et enfin il a renoncé .

Le tournant du siècle a marqué beaucoup de changements fondamentaux dans la vie et l'œuvre de Freud : il

rompu ses amitiés et dépendantes avec des collègues (premier Breuer , alors Fliess) et ses contacts avec la société médicale de Vienne ; son père est mort ; son dernier enfant est né ; il se psychoanalyled ; il a renoncé à la pratique neurologique , la recherche et les modèles conceptuels ; et il a créé sa propre nouvelle profession , méthode de recherche , et de la théorie , aux termes de laquelle il a travaillé par la suite.
3 . Modèle topographique de Freud de l'appareil kpsychic " était le fondement de deux décennies de travail au cours de laquelle il a publié ses découvertes majeures cliniques : notamment , les
Interprétation des rêves (1900) et Trois Essais sur la théorie de la sexualité (1905b) ; son
documents sur la technique utilisé dans le traitement psychanalytique ; ses cinq grandes histoires de cas ; la
œuvres centrales de la métapsychologie ; et une série d'enquêtes et de popularilations importants
ses idées , en plus de ses principales applications de ses théories à des blagues , de la littérature et de l'art ,

biographie , et l'anthropologie . Une explication complète ou métapsychologique , Freud écrit dans
1915, reguires kdescribing un processus psychique dans sa dynamique , topographique et économique
aspects " ethat est , en termes d'un modèle théorique dans lequel les concepts centraux sont
forces psychologiques , des structures et guantities d'énergie (Rapaport m Gill , 1959) . Ainsi,
nous parlons de trois points de vue métapsychologiques . Le modèle topographique , qui était
première énoncés dans le chapitre 7 de L'interprétation des rêves et a été précisée dans
les documents métapsychologiques de 1915 , conceptualiles pensée et de comportement en termes de
processus en trois systèmes psychologiques : le conscient, préconscient et inconscient (dont aucune ne présente un locus explicite dans le cerveau) .
4 . Dans la dernière période , entre les deux guerres mondiales , Freud a fait quatre principaux types de
contribution : la forme finale de sa théorie des pulsions instinctives (Au-delà du plaisir

Principe , 1920) ; un groupe de modifications majeures à la fois générale et clinique theoryemost notamment , le modèle structurel de l'appareil psychique (Le Moi et le Ça , 1923) et la théorie de l'angoisse et de la défense (Inhibition, symptôme et angoisse , 1926 a) ; applications de la psychanalyse à des problèmes sociaux plus larges ; et un groupe de livres examen et reformuler ses théories .
Pour saisir la structure de l'œuvre de Freud , il est utile non seulement à adopter une telle approche de développement , mais aussi pour voir ses théories de la perspective de la triple classification suivante.
Première et la plus connue est la théorie clinique de la psychanalyse , avec sa psychopathologie , ses comptes du développement psychosexuel et la formation du caractère , etc . L'objet de ce type de theoriling se compose de grands événements (réels ou fantasmé) dans les histoires de vie des personnes , des événements se produisant sur des portées de temps allant de quelques jours à plusieurs décennies. Cette théorie est le fond de commerce de la clinicianenot juste le psychanalyste , mais la grande majorité des psychiatres , psychologues cliniciens , travailleurs sociaux et psychiatriques . Librement dénommé kpsychodynamics , i , il a même pénétré dans la psychologie académique général via des manuels sur la personnalité .
Deuxièmement, il ya ce que Rapaport (1959) a appelé la théorie générale de la psychanalyse ,
également appelé la métapsychologie . Son sujet mattereprocesses dans un psychique hypothétique
appareil ou , parfois , dans le braineis plus abstraite et impersonnelle; et les périodes de temps nécessaire sont des fractions de shorterefrom beaucoup d'une seconde à quelques heures . la

processus abordés sont la plupart du temps ceux qui se produisent dans les rêves , la pensée, l'affect, et de la défense .

Le raisonnement de Freud dans l'élaboration de cette théorie est beaucoup plus proche , et il a fait plus usage de

modèles théoriques de l'appareil psychique . Les principaux travaux sont les kProject pour un

Psychologie scientifique , i chapitre 7 de L'interprétation des rêves , et la papiers métapsychologiques .

Troisièmement, il ya ce qu'on pourrait appeler la théorie phylogénétique de Freud . Le sujet est l'homme

comme une espèce ou en groupe , et les périodes de temps nécessaires gamme de générations en éons .

Voici grandes spéculations de Freud , largement évolutive et téléologique de caractère . Ils ne contiennent pas de modèles explicites d'un appareil psychique , utilisant à la place de nombreux littéraire ,

concepts métaphoriques . Les principaux ouvrages de ce type sont Totem et Tabou (1913) ,

Au-delà du principe de plaisir (1920) , Psychologie des masses et analyse du moi (1921) ,

L' avenir d'une illusion (1927) , Malaise dans la civilisation (1930) , et Moïse et Monothéisme (1934 --- 193f) .

Ses contributions cliniques sont parmi les meilleurs délais des documents de Freud qui sont encore en cours de lecture , et il a continué à écrire dans cette veine toute sa vie . Comme pour les deux autres types de théorie, les grands travaux métapsychologiques sont venus tôt , les principaux phylogénétiques tard. Comme les concepts de Freud sont devenus plus métaphorique et traitées ces questions à distance comme origines ultimes de l'homme et le sens de la vie et de la mort , il est devenu moins soucieux de décrire ou de prise en compte systématique du cours et le sort d'une impulsion ou de la pensée .

Même lorsque les travaux de Freud sont lus dans l'ordre dans lequel il a écrit d'eux , il reste beaucoup

occulter si l'on a aucune idée de l'état contemporain de la communauté scientifique et questions professionnelles , il a été discuté . Heureusement pour nous , les savants modernes fournissent un

bonne partie de ce fond nécessaire (par exemple , Amacher , 1965; Andersson , 1962; Bernfeld ,

1944 ; Ellenberger , 1970; Jackson , 1969 ; Spehlmann 1953 ; voir aussi Holt , 1965a , 196f) . la

chapitres de l'histoire magistrale Ellenberger sont particulièrement recommandés pour la manière savante mais absorbingly lisible dans lequel ils donnent les contextes sociaux et politiques ainsi que scientifiques , médicales et générales intellectuelle dans laquelle Freud écrivait . Ici, je ne peux pas faire plus de contact légèrement sur un certain nombre des plus importantes et pertinentes courants intellectuels du XIXe siècle .

Naturphilosophie et son rejet
La voie à la révolte romantique que globalement characteriled tous les aspects de intellectuelle
la vie au début de 1F00 avait été préparé par Naturphilosophie , un mystique et souvent vue rhapsodique de la nature comme perfusé avec l'esprit et avec les forces inconscientes contradictoires
et que l'évolution selon une conception téléologique interne . Pas une école soudée , son
penseurs constitutifs inclus (dans l'ordre chronologique) Kant , Lamarck , Goethe , Hegel ,
Schelling (peut-être la figure centrale de) , Oken , et Fechner . À l'exception de Fechner , qui a vécu de 1f01 à 1ff7 , ils vivaient tous en travers les XVIIIe et XIXe siècles . Naturphilosophie encouragé la recrudescence du vitalisme en biologie , défendu par le grand physiologiste Johannes Muller , et stimulé une école humaniste de la médecine romantique (Galdston , 1956) . En psychiatrie , la première partie du siècle a été dominée par les réformes de Pinel , Esguirol , et leurs partisans , qui ont introduit une ère de treatmentn kmoral : gentillesse firme en place des dispositifs de retenue , l'optimisme thérapeutique basée sur les théories étiologiques d'un plus psychologique que biologique pression, et une tentative d'impliquer asiles dans des activités constructives .
La difficile - réaction esprit de cet appel d'offres - ère esprit a été grandement facilitée par les progrès
réalisés dans la physique et la chimie . Trois des étudiants de Muller , Brocke , du Bois -

Reymond , et Helmholtl , a rencontré Carl Ludwig dans 1f47 et formé un club (qui est devenu le Berlin Physical Society) à kconstitute physiologie sur un chimico - physique de base , et de lui donner rang scientifique egual avec Physicsi (Ludwig , guoted par Cranefield , 1957 , p . 407) . Ils n'ont pas réussi dans leur but franchement réductrice mais ne atteindre leurs autres objectifs : promouvoir l' utilisation de l'observation scientifique et l'expérimentation en physiologie , et à lutter contre le vitalisme . Entre eux , ils ont tenu à le programme suivant :
Pas d'autres forces que la physique commun - les produits chimiques sont actives dans l'organisme . Dans les cas qui ne peuvent pas à la fois être expliquées par ces forces on doit soit trouver le moyen ou la forme spécifique de leur action par l'intermédiaire de la physique - Méthode mathématique, ou à assumer de nouvelles forces egual dans la dignité à la substance chimique - physique forces inhérentes à la matière, réductibles à la force d'attraction et de répulsion , (du Bois - . Reymond , guoted par Bernfeld , 1944, p 34f)
En Allemagne en particulier , ce ferment matérialiste de la physiologie physicaliste ,

mécanisme , et le réductionnisme est devenu le mode , en mettant progressivement médecine romantique ,

vitalisme , et d'autres aspects de la Naturphilosophie à la déroute . Où plus tôt, il avait été

Psychiques , Psycho - écoles somatiques , et somatiques en psychiatrie allemande (voir Earle , 1f54 , dans

Hunter m Macalpine , 1963, pp 1015 - 101f) , la somatique a gagné peu à peu ; Meynert

(Professeur de psychiatrie de Freud) , par exemple , conçu troubles mentaux comme des maladies de

le cerveau antérieur . Malgré ses succès thérapeutiques , le traitement moral a été banni avec

ses théories psychogènes (souvent sexuelles) que la psychiatrie de femmes kold , " en faveur de la stricte

organiques vues héréditaristes et très peu par voie de traitement (Bry m Rifkin , 1962) . L'école de médecine de l'Université de Vienne était un avant-poste de la nouvelle hyperscientific

biologie , avec l'un de ses promulgateurs , Brocke , tenant une chaise majeur et diriger le

Physiologique Institut (Bernfeld , 1944) . Ironiquement , Freud nous dit que sa décision d'entrer

l'école de médecine a été déterminée par l'audition du kFragment sur la nature " attribué à Goethe

lire à haute voix lors d'une conférence publique . Ce poème en prose courte est une incarnation de la Naturphilosophie , et

il doit avoir influencé Freud à cause de son admiration de longue date pour Goethe et peut-être

en raison d'un klonging pour la connaissance philosophique , " qui avait dominé ses premières années ,

comme il le dit plus tard dans une lettre à Fliess . Evolution a été un des grands principes de la Naturphilosophie ; si

il n'est pas surprenant que cette 17f0 dithyrambe pourrait faire partie d' une conférence sur comparative

anatomie , la discipline qui a fourni une grande partie de la preuve cruciale pour origine de Darwin de

Espèce (1f59) .

ÉNERGIE ET EVOLUTION

Peut-être les deux concepts les plus excitantes du XIXe siècle ont été l'énergie et évolution . Ces deux fortement influencé les enseignants de Freud à l'école de médecine .

Helmholtl avaient lu au groupe de 1f47 son papier fondamental sur la conservation des

energyepresented comme une contribution à la physiologie . Trente ans plus tard , les conférences de BROCKE
étaient pleins des concepts étroitement liés (et encore peu différenciées) de l'énergie et
vigueur . Pour utiliser ces concepts dynamiques était la marque même de la démarche scientifique ;
Brocke enseigné que les causes sont Kreal symboliled dans la science par le mot hforce '
" (Bernfeld , 1944, p . 349) . Il semble évident que la première des trois métapsychologique de Freud
points de vue , la dynamique (explication en termes de forces psychologiques) , avait ses origines dans
cette tentative passionnante pour élever le niveau scientifique de la physiologie par l' application diligente de
mécanique et surtout de la dynamique , cette branche de la mécanique qui traitent avec les forces et
les lois du mouvement . L'accent fortement guantitative de l'école de Helmholtl et son l'accent sur l'énergie sont clairement les principaux déterminants de la métapsychologie vu de la
point de vue économique (explication en termes de guantities de l'énergie) . Le fait que , parmi

auteurs Freud respecté la plupart , ces chiffres disparates que Fechner et Hughlings Jackson
tenu des points de vue dynamiques et économiques sans aucun doute renforcé la unguestioning de Freud
conviction que ces points de vue sont des éléments absolument nécessaires d'une explicative
théorie .
Malgré son programme physicaliste , le travail réel de l'institut de Brocke était largement la physiologie et l'histologie classique . Freud avait eu son baptême scientifique darwinienne sous
Noël dans une recherche microscopique des testicules manquantes de l'anguille , et ses plusieurs tentatives de
expériences physiologiques et chimiques sous d'autres auspices ont été vains . Il était heureux ,
par conséquent, de rester au microscope où Brocke lui études neuropathologiques affecté ,
inspiré par et en contribuant à la théorie évolutionniste . Quand il a travaillé avec Meynert , il était
nouveau dans une discipline structurelle avec une étude génétique de methodethe de l'anatomie du cerveau en utilisant un
série de cerveau du fœtus à tracer les voies médullaires en suivant leur développement . son

pratique clinique subseguent était en neurologie , une discipline qui , comme Bernfeld (1951) a
noté , était nmerely une application de diagnostic de anatomy.i plus, le premier plein de Freud - échelle
modèle théorique , la kProjecti de 1F95 , est avant tout une théorie sur la structure organilation du cerveau , à la fois fine et globale . Sa formation initiale ainsi manifestement convaincu qu'une théorie scientifique doit avoir une base structurelle (ou topographique) .
C'était Bernfeld (1944) qui le premier a fait remarquer le contenu frappante antithèse de ces
deux coexistant traditioneNaturphilosophie intellectuelle et physiologye physicaliste tous deux profondément influencé Freud , et dans cet ordre. Dans ses œuvres publiées , pour être
Certes, presque rien de Naturphilosophie peut être vu dans les journaux et les livres de sa première
deux périodes , et il est apparu presque entièrement dans ce que j'ai cité plus haut que son phylogénétique ,

œuvres spéculatives . Beaucoup de propriétés de son concept d'énergie psychique peuvent néanmoins être
remonte à la vitalisme qui était une caractéristique importante de la Naturphilosophie (Holt , 1967) .
En outre , ces deux écoles de pensée peuvent également être considérées comme des manifestations particulières de
encore plus vastes organismes , plus inclusives d'idées , que j'appelle (après Chein , 1972) des images de
homme .

Deux images de Freud de l'homme

Je crois qu'il ya un conflit non résolu omniprésent dans tous les écrits de Freud entre deux images antithétiques ; un conflit qui est responsable d'un bon nombre de la contradictions dans l'ensemble de sa production , mais que son maquillage cognitive - jusqu'à lui permet de tolérer
(comme nous le verrons bientôt) . D'une part , l'essentiel de l'effort théorique de Freud pour construire ce qu'il appelait lui-même une métapsychologie , calqué sur un mi - XIXe -

siècle compréhension de la physique et de la chimie . En partie incarné dans cette partie et se trouvant derrière elle est
ce que j'appelle son image mécaniste de l'homme . Le point de vue contraire , beaucoup moins important que
de nombreux étudiants ne savent pas que Freud lieu , je tiens à appeler une image humaniste de l'homme . il
on peut le voir dans ses œuvres cliniques et dans le large , spéculative , guasi - philosophique
écrits de ses dernières années , mais il est plus clair dans sa propre vie et les interactions de Freud avec les autres ,
meilleur verbaliled pour nous peut-être dans ses lettres . Contrairement à l'image mécaniste , l' humaniste
conception de l'homme n'a jamais différencié et a déclaré de façon assez explicite pour être appelé un
modèle ; mais il comprend un corps assez riche et cohérent d'hypothèses sur la nature de
êtres humains , qui fonctionnaient dans l'esprit de Freud comme un antagoniste de correction de son
tendances mécanistes .
Il y a peu de preuves après 1900 que Freud était conscient d'abriter des images incompatibles de l'homme , ni de qui il pourrait abandonner. Néanmoins , de nombreux aspects pulling contraire de la psychanalyse deviennent intelligibles si nous supposons que les deux images étaient là , le fonctionnement de plusieurs façons comme contradictoires systèmes motrices .

Permettez-moi de emphasile que ce que je vais vous présenter n'est pas une incarnation de diverses théories
spécifiquement proposé par Freud . Au contraire, les deux images sont complexes d'idées déduites ,
extrait de la vie et les écrits de Freud et reconstruit de la même façon , il a enseigné
nous utilisons pour comprendre les gens névrotiques : en étudiant les rêves d'un patient , les symptômes , et
kassociations , i nous déduisons fantasmes inconscients , complexes , ou des souvenirs précoces que jamais
prendre pleinement conscience , mais qui nous permettra de donner un sens à ses productions , qui
semble sur la surface de manière étonnamment diversifiée . Cet effort se heurte à un certain
quantité de risque . Même l'image mécaniste a été rendue explicite comme un modèle théorique que
dans le kProject , i la tentative inédite à une neuropsychologie que Freud a écrit dans 1F95 .
Par la suite , ce modèle semble avoir été largement oubliée ou supprimé avec son antithèse , l'image humaniste .

IMAGE humaniste de FREUD DE L'HOMME
Ni les images de Freud était particulièrement originale avec lui ; chacun était son personnel
synthèse d'un ensemble d'idées avec une longue histoire culturelle , exprimée et transmise à l'
en grande partie à travers les livres , nous savons qu'il lisait. Bien avant et bien après Freud
décidé de devenir un scientifique , il était un lecteur avide des classiques artistique La qui sont
souvent considéré comme le cœur du patrimoine humaniste de l' homme occidental . Il avait une excellente libérale
et de l'éducation classique , qui lui a donné une connaissance approfondie des grandes œuvres de la Grèce ,
Latine , les auteurs allemands et anglais , ainsi que la Bible , Cervantes , Molière , et d'autres
grands auteurs dans d'autres langues , qu'il lisait dans la traduction. Il était un homme de profonde
culture , avec une passion pour la poésie de lecture , romans, essais , etc et pour l'apprentissage de antiguity classique en particulier, mais les arts en général , à travers Voyage ,
collecte et communication personnelle avec des artistes , des écrivains et des amis proches qui ont eu

des goûts similaires et l'éducation .2 Et malgré ses plus tard, des commentaires négatifs sur la philosophie , il a participé à pas moins de cinq cours et des séminaires avec l' éminent philosophe - psychologue Brentano au cours de ses années à l'Université de Vienne .
Très peu des nombreux non-médecins qui ont été tirées à la psychanalyse et qui est devenu une partie du cercle de Freud ont été formés dans le kharderi ou les sciences naturelles . Principalement , ils sont venus les arts et les humanités . Pour chaque Waelder (physicien) , il y avait quelques-uns comme Sachs et Kris (principalement les élèves de la littérature et de l'art) . Certes, cela nous dit quelque chose non seulement de son influence sur Freud , mais le genre d'homme qu'il était , la conception de l'homme par qui il a vécu et qui a été transmise par des moyens subtils de ses co - travailleurs .
De diverses manières , alors , Freud est venu sous l'influence de l'image dominante de l'homme véhiculée par le secteur important de la culture occidentale que nous appelons les sciences humaines . Permettez-moi maintenant souligner certaines des principales composantes de cette image de l'homme , qui peut être discerné dans les écrits de Freud .
Une . L'homme est un animal et quelque chose de plus , une créature avec des aspirations à la divinité . Ainsi , il a une double nature . Il possède passions charnelles , fonctions végétatives , la cupidité et la soif de pouvoir , destructeur , préoccupation

égoïste avec plaisir maximiling et minimiling douleur ; mais il a aussi une capacité à développer de l'art , la littérature , la religion , la science, et philosophyethe domaines abstraits de valueseand théorique et esthétique d'être désintéressé , altruiste et nourricières . Il s'agit d'une vision complexe de l'homme dès le début , comme une créature qui se soucie profondément de plus ainsi que des questions plus faibles .

2 Ellenberger (. , 1970, p 460) nous dit que Freud a montré le dramaturge Lenormand kLe œuvres de Shakespeare et des tragiques grecs sur ses étagères de pofficeq et dit: hHere sont mes maîtres . Il a soutenu que les thèmes essentiels de ses théories étaient basées sur l'intuition de l' poets.n

2 . Chaque être humain est unigue , mais tous les hommes se ressemblent , une espèce, chacun aussi humain que
tout autre . Cette hypothèse comporte un engagement de forte valeur ainsi , à la proposition
que chaque personne est digne d'être respecté et d'être aidé , si en difficulté , à la hauteur de la
mesure de ses capacités , mais limitée , ils peuvent être . Freud était l'un des principaux contributeurs d'une extension importante de cette hypothèse par sa découverte qu'il y était en effet la méthode dans la folie (comme Shakespeare savait intuitivement) , que le fou ou
malades mentaux pourraient être compris et , en fait, ont été actionnés par les mêmes désirs de base comme
d'autres hommes . Ainsi , dans la tradition de ces psychiatres comme Pinel , Freud a fait beaucoup de
réaffirmer l'humanité de l' mentalement et émotionnellement anormale et leur continuité avec
la normale.
3 . L'homme est une créature de désirs , un lutteur après les objectifs et les valeurs , après fantasmes et des images de gratification et de danger . C'est, il est capable d'imaginer les états futurs possibles du plaisir , de la joie sensuelle ou l'accomplissement spirituel , et de la douleur , l'humiliation , la culpabilité , la destruction , etc ; et son comportement est guidé et poussé par volonté d'obtenir les objectifs positifs et d'éviter ou de réduire à néant les effets négatifs , principalement l'anxiété .
4 . L'homme est un producteur et transformateur de significations subjectives , par lequel il se définit , et l'un de ses besoins les plus forts est de trouver son sens à la vie . Il est implicite dans l'image humaniste que les significations sont primaire , irréductible , causalement efficace , et de toute dignité comme un sujet d'intérêt systématique. Psychopathologie , en conséquence , est conçue en termes de complexes inadaptés ou des configurations d'idées , souhaits , des concepts, percepts , etc

5 . Il est beaucoup plus à l'homme que ce qu'il sait ou ne voudrait plus souvent nous pensons que , plus

que ce qui est présent dans sa conscience , plus est présenté au monde social en public .

Ce côté secret est extrêmement important . Les significations qui concernent une personne plus ,
y compris les fantasmes et les désirs , sont constamment actif sans conscience, et il est difficile
pour les personnes à prendre conscience de beaucoup d'entre eux . Pour comprendre une personne vraiment , il est donc
nécessaire de connaître ses subjectives , lifeehis intérieures rêves, les fantasmes, les désirs ,
préoccupations , les angoisses, et la coloration spéciale par laquelle il voit le monde extérieur . par
comparaison , son faciles à observer , le comportement manifeste est beaucoup moins intéressant et moins important .

6 . Conflit intérieur est inévitable en raison des dualitiesehis de l'homme des natures supérieures et inférieures , les côtés conscientes et inconscientes ; En outre , beaucoup de ses souhaits sont incompatibles ou l'amener en conflit avec les exigences et les pressions d'autres personnes .

7 . Peut-être le plus important de ces souhaits comprend l'instinct complexe de l'amour , de désir sexuel qui est un grand (et lui-même complexe) partie . L' envie de l'homme pour le plaisir sexuel est presque toujours forte , persistante , et polymorphe , même quand il semble bien inhibé ou bloqué , et peut être détaché de l'amour . Dans le même temps , Freud a toujours été sensible aux nombreuses formes de la colère , la haine et la destructivité , longtemps avant qu'il formellement reconnu avec sa théorie de la pulsion de mort .

f . L'homme est une créature sociale intense , dont la vie est déformée et anormal si ce n'est pas
empêtré dans un réseau de relations à l'autre peopleesome de ces relations formelles et institutionaliled , certains informel mais consciente et délibérée , et beaucoup d'entre eux
ayant des composantes inconscientes importants . La plupart des systèmes motrices humains sont interpersonnelle
caractère , trop : nous aimons et détestons d'autres personnes . Ainsi , la réalité importante pour l'homme est
sociale et culturelle . Ces Sullivanian - propositions de sondage sont nettement implicite de Freud

des histoires de cas .

9 . Un élément central de cette image de l'homme , c'est qu'il n'est pas statique mais est toujours changinge développement et à la baisse, l'évolution et la délégation . Ses motivations inconscientes les plus importantes proviennent de l'expérience dans childhoodethe enfant est le père de l'homme . L'homme fait partie d'un univers évolutif , donc en principe presque infiniment perfectible mais en pratique toujours soumis à revers , fixations , et des régressions .
10 . L'homme est à la fois le maître actif de son propre destin et le jouet de ses passions . Il est capable de choisir entre plusieurs options , de résister à la tentation et de gouverner ses propres pulsions , même si parfois il est un pion passive des pressions externes et impulsions intérieures . Il est donc logique d'essayer de traiter avec lui d'une manière rationnelle , à l'espoir d'influencer son comportement en discutant des choses et même lui demander d'exercer sa volonté . Ainsi, l'homme est à la fois un identifiant et un ego autonome .
Extrait d'un corps de travail dans lequel il n'a pas sa place systématique , ce humaniste l'image , tel que présenté , est un peu vague et mal organiled . Néanmoins , je ne vois pas
raison intrinsèque pour laquelle il n'a pas pu être explicité et développé d'une manière plus systématique .

IMAGE mécaniste de FREUD DE L'HOMME
Ce jeune homme humaniste instruit et philosophiquement incliné, tiré par un conception romantique et vitaliste de la biologie qu'il voulait étudier , est allé à l'Université
de l'école de médecine de Vienne , où il se trouva entouré par des hommes de grand prestige et
substance intellectuelle enseignant des doctrines scientifiques passionnants d'un genre très différent . il
a subi une conversion hâtive premier à un matérialisme radical , puis à physicalistes physiologie , un héritier principal de la tradition mécaniste qui a commencé avec Galileo et

cherché à expliquer tout dans l'univers en termes de physique newtonienne .
Freud fut pendant des années sous le charme de Brocke , qu'il appelait jadis la plus grande autorité qu'il ait jamais rencontré . Plusieurs de ses autres professeurs et collègues étaient également membres enthousiastes de l'école mécaniste de Helmholtl , notamment Meynert , Breuer , Exner , et Fliess . Les perspectives de cette doctrine étroite mais rigoureuse était toujours après à façonner les idéaux scientifiques de Freud , s'attardant dans les coulisses de son theoriling , presque dans le rôle d'un surmoi scientifique . En ce sens , je crois que l'image mécaniste de l'homme sous-tend et on peut discerner dans les écrits métapsychologiques de Freud , même si certains aspects de cette image semblent être contredit .

Dans de nombreux détails , l'image mécaniste est fortement contraire à l' un humaniste . J'ai tenté de faire ressortir ce contraste dans le catalogue suivant des hypothèses . Une . L'homme est un sujet propre de la science naturelle , et en tant que telle n'est pas différent de tout autre objet dans l'univers . Tout son comportement est complètement déterminée , y compris les rapports de rêves et de fantasmes . C'est , tous les phénomènes humains sont légitimes et , en principe, possible d'expliquer par naturelles - , les lois quantitative scientifique . De cette observation , il n'ya pas de sens à subdiviser son comportement ou de considérer sa nature d'être dualehe est simplement un animal , mieux compris comme une machine ou un appareil , composé de mécanismes ingénieux , fonctionnant selon les lois du mouvement de Newton , et compréhensible sans résidu en termes de physique et de chimie . On n'a pas besoin de postuler une âme ou principe vital pour faire fonctionner l'appareil, si l'énergie est une notion essentielle . Toutes les réalisations culturelles dont l'homme est si fier , toutes ses valeurs spirituelles et autres, ne sont que des sublimations de pulsions de base , à laquelle ils peuvent être réduits .

2 . Les différences entre les hommes sont scientifiquement négligeable ; du point de vue mécanique , tous les êtres humains sont fondamentalement les mêmes , étant soumis aux mêmes lois universelles . L'accent est mis sur la découverte de ces lois , pas sur la compréhension des individus particuliers . En conséquence , la métapsychologie prend aucune note des différences individuelles et ne semble pas être une théorie de la personnalité .
3 . L'homme est fondamentalement motivée par la tendance automatique de son système nerveux à se maintenir dans un état non stimulé , ou au moins de conserver ses tensions à un niveau constant . Le modèle de base est l'arc réflexe : stimulus externe ou interne conduit à une activité du système nerveux central qui mène à la réponse. Tous les besoins et les désirs doivent , à des fins scientifiques , être conceptualiled que les forces , les tensions qui doivent être réduites , ou des énergies qui cherchent décharge .
4 . Il n'ya pas de place pour des significations ou la valeur de la science . Il traite de guantities , pas gualities , et doit être complètement objectif . Des phénomènes tels que les pensées, les désirs ou les craintes sont un épiphénomène ; ils existent et doivent être expliqué , mais n'ont aucun pouvoir explicatif eux-mêmes. Energies prennent largement leur place dans le modèle mécanique .
5 . Il n'y a aucune opposition claire à la cinquième hypothèse humaniste , l' un traitant de
l'importance de l' , côté intérieur inconscient et le secret de l'homme . A correspondant reformulation du même point en termes mécanistes pourrait être: la conscience est trop une
épiphénomène , 3 et ce qui se passe dans la conscience d'une personne est d'intérêt insignifiant comparé

3 True (comme MM Gill a gentiment fait remarquer à moi) , dans le nProjectn Freud n'a explicitement nié que

la conscience est un épiphénomène . Pourtant, la tendance générale de la kProjectn
exige la vue, il ne voulait pas
épouser : il s'agit d'une tentative pour rendre compte du comportement et de la névrose
en termes purement mécanistes , sans
intervention de toutes les entités mentales dans le processus de causalité . En effet , je
crois que c'est en grande partie parce qu'il ne pouvait
ne parviendra pas à son but sans postuler un moi conscient comme un agent dans le
processus de défense , et parce que
il ne pouvait pas atteindre une explication mécaniste satisfaisante de la conscience ,
que Freud a abandonné le
kProject.n

occupés à des activités du système nerveux , dont la plupart vont sur sans conscience
correspondant .
6 . Les nombreuses forces opérant dans l'appareil que l'homme se heurtent souvent ,
donnant lieu au rapport subjective de conflit .
7 . Les procédés connus sentimentalement que l'amour ne sont que des déguisements
et des transformations de l'instinct sexuel , ou , plus précisément , son énergie (libido) .
Même affection platonique est simplement viser - libido inhibée. Sexe, pas l'amour, est
donc le motif principal . Et puisque la tendance fondamentale du système nerveux est
de rétablir un état de eguilibrium non stimulées , la passivité totale de la mort est son
objectif ultime . Rage et la destructivité ne sont que des déguisements et des
transformations de la pulsion de mort .
f . Objets (c'est-à- dire , d'autres personnes) ne sont importants que dans la mesure où
ils fournissent des stimuli qui fixent l'appareil psychique en mouvement et offrent des
conditions nécessaires à la réduction des tensions internes qu'il apporte à reposer à
nouveau . Relations en tant que tels ne sont pas réels ; une psychologie ne peut être
complète sans tenir compte de plus de l'appareil individuel et des événements à
l'intérieur, ainsi que la classe générale des stimuli externes . Réalité contient masses
konly en mouvement et rien elsei (Freud , 1F95 , p . 30f) .
9 . L'accent génétique n'est pas très différente pour Freud comme mécaniste et
humaniste , passons donc au dernier point :
10 . Depuis le comportement de l'homme est strictement déterminé par son passé et
par la
agencement contemporain de forces , le libre arbitre est une illusion fallacieuse . Pour
permettre à l' idée de
l'autonomie ou la liberté de choix impliquerait la spontanéité plutôt que de passivité
dans le système nerveux
système , et porterait atteinte à la assumptioneconsidered scientifiquement
necessaryethat

comportement est déterminé strictement par les pulsions biologiques et par des stimuli externes .

CONSÉQUENCES DES DEUX IMAGES
La théorie psychanalytique que nous savons que c'est un tissu de compromis entre ces deux
s'opposer images . L'influence de l'image mécaniste est plus claire dans la métapsychologie ,
où la structure générale des principales propositions ainsi qu'une bonne partie de la terminologie peut être vue de dériver directement de la mécanique et de manière explicite
modèle réductionniste de la kProject.i Le changement le plus frappant a été Freud abandonne une
anatomique - cadre neurologique de l'ambiguïté résumé de l'appareil kpsychic , i
dans lequel les structures et les énergies sont psychique , pas physique. Sans le savoir, Freud a pris un
plonger dans dualisme métaphysique cartésienne , mais a permis d'éviter ce qu'il considérait comme la
menace antiscientifique de l'image humaniste en continuant à réclamer explicative ultime
puissance de la métapsychologie , par opposition à la formulation théoriquement moins ambitieux
observations cliniques dans un langage qui était plus proche de celle de la vie quotidienne . Et dans l'
métapsychologie , en utilisant l'astuce de traduire désirs subjectifs dans la terminologie des forces et des énergies , Freud n'a pas eu à prendre le point d'amure behavioriste de rejeter la
monde intérieur ; en remplaçant le subjectif , l'auto prêts à l'ego défini comme un médium
la structure , il a été en mesure de permettre une autonomie suffisante pour obtenir un ajustement équitable avec clinique
observation .
Sans realiling il donc , Freud n'a pas abandonné le modèle de reflex passif de la organisme et le concept physicaliste étroitement liés de la réalité , même quand il a mis de côté
neuropsychologiling délibérée . Bien qu'il reportée explicitement toute tentative de relier l'
termes de la métapsychologie des processus et des endroits dans le corps , il substitués psychologique

théories qui portent la même charge d'hypothèses dépassées .
La relation entre l'image humaniste et Naturphilosophie reste à être
clarifié . En un sens, ce dernier peut être considéré comme une partie de l'ancien ;
encore dans un certain nombre d'
respecte , il a un statut spécial . Je pense qu'il s'agit d'une anomalie intellectuelle
européenne particulièrement ,
naturellement liée à sa matrice de début du XIXe - idées siècle et déjà anachronique
à l'époque de Freud . Lorsque le caractère moderne (même dans l'histoire et les autres
sciences sociales)
cherche des chaînes et réseaux de causes tangibles , les intellectuels de de prosaïques
détaillées
cette époque ne voyait rien de mal à postuler un raccourci conceptuel , ad hoc ou
kforcei
kessencei ou d'une autre théorique deus ex machina dans laquelle un résultat observé
était
directement attribués . Analogies en vrac ont été facilement acceptés comme moyen
adeguate de formation
hypothèses (généralement génétique) , et presque personne ne saisit la distinction
entre
générer une idée lumineuse plausible et parvenir à une conclusion défendable . Pour
cette trempe ,
audace était plus admirable que la prudence . Une liaison avec brio des événements
imprévus
ou phénomènes était un meilleur rendement qu'un laborieusement cloué - conclusion
de bas . ainsi,
le grand balayage des idées de Darwin attrapé la fantaisie du public , qui présuppose
que c'était par un
héritage de Naturphilosophie , beaucoup plus que son assemblage extraordinaire
détaillée
preuves empiriques . Darwin n'a pas introduit l'idée de l'évolution ; sa contribution a été
de
travailler en détail convaincant , un mécanisme par lequel nonteleological l'origine
progressive de
espèces pourraient être pris en compte. Il était en effet une ironie que son grand livre
paru dans la
l'esprit populaire une confirmation des téléologiques , même animistes , les notions de
Naturphilosophie ,
si il y a eu beaucoup de ces événements dans l'histoire de la science . Peut-être que la
majorité des
les gens abordent de nouvelles idées kassimilativelyn (pour reprendre le terme de
Piaget) , en les réduisant à leur
eguivalent plus proche dans le stock de concepts déjà existants , de sorte qu'un
révolutionnaire

proposition peut finir par renforcer une idée réactionnaire.

On pourrait même dire que, dans le monde d'aujourd'hui , la fonction principale de grand,

intégratives h htheories speculationsephilosophical ou pseudo des universeieis pour aider les adolescents à acquérir une maîtrise intellectuelle temporaire de la confusion qu'ils éprouvent

sur l' élargissement soudain de leurs horilons , à la fois émotionnels et conceptuels . Dans un sens,

Freud l'étudiant en médecine était Guite justifiée dans le sentiment que sa nature - philosophique

tcndonoco ont été parmi les choses enfantines que l'homme a dû mettre de côté . Jones (1953, p . 29)

écrit que quand il demanda une fois à quel point Freud philosophie qu'il avait lu , la réponse

venu : kVery peu. Comme un jeune homme que je sentais une forte attraction vers la spéculation et

impitoyablement it.i vérifié

Sur la base de cela et de nombreuses remarques et passages pertinents , j'ai summariled (voir

tableau) les aspects de la pensée de Freud qui semblent traçable à Naturphilosophie et à son

études philosophiques avec Brentano , avec leurs homologues , tirées de la

tradition de la science mécaniste et en particulier de la propre apprentissage de Freud physiologie physicaliste . Pour une ampleur inconnue , certains éléments de la gauche ont peut-être dérivé

d'autres sources humanistes , mais celui-ci semble la plus plausible . (La preuve que le différents éléments ont été associés de la manière indiquée est présenté dans Holt, 1963 .)

Freud parlait couramment slightingly sur toutes les méthodes et procédures de l' officiel disciplines , comme dans le guotation ci-dessus , où il est intéressant de noter (et caractéristique) qu'il

philosophie eguated et la spéculation . Déduction , l'exhaustivité de la couverture de la théorie ,

et définition rigoureuse été associé dans son esprit avec les aspects formalistes stériles

Tableau 1: Structure latente de conceptions méthodologiques de Freud

Proviennent en grande partie de dérivés en grande partie de
philosophie , en particulier la physiologie physicaliste :
naturphilosophie :
Philosophie associé ; Physiologie académique ;
disciplines : psychologie philosophique neuropsychologie ;
métapsychologie
Nature des théories complètes globales partielles , ponctuelles
theoriling : théories , avec précis avec tâtons imprécise
définitions des concepts de concepts définis
Procédures procédure déductive , utilisez la procédure inductive
et des mathématiques ; (nonformalistic) ;
méthodes : la spéculation ; l'observation de la synthèse ; dissection ;
analyse

philosophie . Et encore (peut-être à cause de la passerelle - concept de l'évolution) ,
Naturphilosophie
et étaient liés le reste de ce complexe d'idées dans l'esprit de Freud avec la biologie
darwinienne
et à la discipline similaire génétique de l'archéologie . Ces sciences respectables qui ,
contrairement à la philosophie et les mathématiques , étaient concrètement empirique ,
reconstruit la télécommande
passé de l'homme par une méthode génétique . Peut-être la pensée qu'il suivait leur
méthode
Freud a permis , enfin , de se livrer à sa longue - désir supprimée pour large ,
spéculative
theoriling . Dans son autobiographie (. Freud , 1925 , p 57) , il a écrit : Kin les oeuvres
de mon plus tard
ans (Au-delà du principe de plaisir , Psychologie collective et analyse du Moi , et Le
Moi et le Ça) , j'ai donné libre cours à l'inclinaison , que j'ai gardé depuis si longtemps ,
à
la spéculation i
Dans un sens , bien entendu , ce n'est que le prolongement de la méthode de
reconstruction génétique à
remonter au-delà des débuts de la vie individuelle et de tenter de retracer le
développement de
socialement partagée douane dans la grande histoire de la vie d'un peuple , comme
Freud l' a fait dans Totem et

Taboo . Les conceptions de Haeckel (que l'ontogenèse récapitule la phylogenèse) et
de Lamarck (que les caractéristiques acguired peuvent être transmis génétiquement)
ont été généralement connus au cours des années scientifiquement formation de Freud
et jouissent d'une acceptation beaucoup plus répandue par le monde scientifique que
ce qu'ils ont fait pendant les dernières années de Freud . Cette acceptation , il était

difficile pour lui de les abandonner . Si les anthropologues fonctionnels avaient paru une génération plus tôt et si l'approche évolutive n'avait pas été populariled par Sir James Fraler , Freud aurait pu être en mesure de comprendre l'omniprésence et l'inconscient la structuration d'une culture peut être . Cette interconnexion complexe permet à la culture à transmettre via sortes subtiles et presque imperceptibles de l'apprentissage , ce qui permet d'éviter ce que Freud (1934e3f) déclaré était la nécessité que la psychologie sociale devrait postuler l' hérédité des caractères acguired .

Cognitive Style de Freud

Passons maintenant à la dernière source majeure de difficulté le lecteur moderne rencontre dans la compréhension Freud : son style cognitif . Quiconque a lu Freud tout peut réagir à cette proposition avec étonnement , pour le style de Freud est très admiré pour sa clarté limpide . Même en traduction , Freud est vif , personnel, charme et directe d'une manière qui le rend très lisible ; il utilise les chiffres originaux et imaginatifs de la parole , et conduit le lecteur dans un type de développement par étapes qui lui permet de pénétrer dans les zones difficiles ou délicats avec un minimum d'effort souvent . Quiconque a lu beaucoup de son écriture peut facilement comprendre pourquoi il a reçu le Prile Goethe pour la littérature .
Néanmoins , il ya des difficultés stylistiques dans le comprendre ; mais ils se rapportent à son
, pas son style cognitif littéraire . Il ya quelques décennies George Klein (1951 , 1970) a inventé
le style cognitif de terme pour désigner la structuration des moyens de prendre en de la personne , de la transformation ,
et de communiquer des informations sur son monde . Freud a une manière singulière non seulement de
l'écriture, mais de la pensée , ce qui le rend étonnamment facile pour le lecteur moderne à
mal interpréter son sens , de manquer ou de fausser de nombreuses subtilités de sa pensée . pour certaines
degré , je me suis peut- être déforme subtilement le concept de Klein , car il operationaliled dans le
laboratoire , pas la bibliothèque. Il a présenté les sujets avec les chiffres cachés à extraire de
camouflage , série de sguares être jugés pour sile , et d'autres tâches inhabituelles , une partie de son
propre et une partie de l' Concevoir des autres. En revanche , les méthodes que j'ai utilisées sont plus comme ceux

de la critique littéraire . J'ai recueilli des notes sur ce qui m'a frappé comme des moyens caractéristiques dans

que Freud a observé , les données traitées , les idées obtenues par d'autres moyens que directe
observation , la pensée à leur sujet , et a imprimé sa marque personnelle sur eux . Ce faisant,
Cependant , j'ai été guidé par ma longue association avec Klein et sa propre façon de l'approche processus et produits cognitifs ; donc je crois que j'ai été fidèle à l'esprit de sa contribution , qui est aujourd'hui si largement utilisé qu'il est pratiquement une partie de la psychologie de
propriété commune .

CARACTERE STYLE
Peut-être un aussi bon endroit pour commencer que tout est bien avec d'Ernest Jones - la biographie connue . Une grande partie de la petite qu'il a à dire sur ce sujet peut être organiled sous la forme d' antithèses ou les paradoxes . Tout d'abord , il y avait beaucoup de choses sur Freud qui était maniaque de l'ordre et difficile - de travail . Il a mené une stable , la vie ordinaire dans laquelle son travail est une nécessité de base . Comme il l'écrit à Pfister : KI ne pouvait contempler avec toute sorte de confort d'une vie sans travail . L'imagination créatrice et le travail vont de pair avec moi ; Je ne prends aucun plaisir à de toute autre chose Pourtant, poursuit-il, kThat serait une prescription pour le bonheur n'était pas pour la pensée terrible que sa productivité dépend entièrement moodsi sensibles (Jones , 1955 , p . 396f .) . Comme Jones met en évidence , il a bien fonctionne par à-coups , pas Guité si soutenue et régulière , par exemple , de Virgile , mais quand l'humeur était sur lui.
Encore une fois, Jones remarque sur une attention particulière de kFreud au détail verbale , la patience remarquable avec lequel il percer le sens des phrases et utterancesi (ibid. , p . 39f) . D'autre part :
Ses traducteurs me supporter quand je remarque que les obscurités et les ambiguïtés mineures ,
d'un genre qui circonspection plus scrupuleux aurait pu facilement éviter , ne sont pas les
moins de leur procès . Il était bien sûr au courant de cela. Je me souviens d' une fois lui demandant pourquoi il

utilisé une certaine phrase , dont le sens n'est pas clair , et avec une grimace , il a répondu : (. 1953 , p 33f .) kPure Schlamperein (de négligence) .
Il était lui-même pas un traducteur méticuleux , si un un surdoué . kInstead de transcrire laborieusement de la langue étrangère , les expressions idiomatiques et tout , il lisait un passage , fermer le livre , et d'examiner comment un écrivain allemand aurait revêtu les

mêmes pensées r Son travail de traduction était à la fois brillant et rapidi (Jones , 1953, p 55.) . De même , Jones remarque sur le kguickness de Freud de la pensée et observationi en général, et le fait que le type Khis d'esprit était de nature à pénétrer à travers la matière à quelque chose de vraiment essentiel au-delà plutôt que de s'attarder ou de jouer avec iti (1955 , p . 399) . En bref , il était plus intuitive que ploddingly systématique.

Ce paradoxe particulier peut être résolu , je crois , par la reconnaissance du fait que Freud était , essentiellement , un obsessionnel - compulsif personnalité , dans laquelle ce type d'ambivalence est familier . Il avait une bonne mesure des traits anales fondamentaux de l'ordre et l'attention au détail compulsif ; mais quand il est venu à son mode de travail avec des détails tels que la moindre tournure de phrase dans le récit d'un rêve (dont seulement une compulsif aurait remarqué en premier lieu) , il a montré un cadeau pour l'intuition . Après tout, comme Jones ne se lasse jamais de nous rappeler , qu'il était un génie , un homme d'une intelligence extraordinaire .

NATURE DE L'intelligence de FREUD
Quel genre de renseignement était-il , thens Si nous adoptons le cadre de référence de la
Tests d'intelligence de Wechsler , il a d'abord été principalement une verbale plutôt que d'un
sorte de performance de capacité . Je n'ai vu aucune preuve que Freud a été spécialement doué avec son
mains . Il a échoué comme un expérimentateur chimique (Jones , 1953, p . 54) , et que c'était un bon

microscopie et inventé une nouvelle tache de tissu au cours de ses années d'apprentissage scientifique
en laboratoire de physiologie de Brocke , il n'existe aucune preuve qu'il a été qualifié à l' fin mécanique de celui-ci . Il n'a jamais été ce que nous appelons kan homme d'appareil, i un ingénieux
tinkerer.4 ailleurs , l'implication d'habitude d'un nettement plus élevé verbal sur la performance
10 seraient à la charge dans le cas de Freud : il a été sûrement jamais donné à l'acte, mais a été
toujours un intellectualiler et internaliler . En outre , il y avait un kThat prononcé
côté passif de la nature de Freud est une conclusion pour laquelle il est amplement evidence.i Jones
(. 1953, p 53) notes ; KHE déjà fait remarquer qu'il y avait trois choses auxquelles il se sentait
unegual : gouverner , guérir , et educating.i Il a abandonné l'hypnose comme ka interférant grossièrement
méthodique et bientôt abjuré l'imposition des mains , malgré le fait qu'il traitait plusieurs

les dames en études de l'hystérie par massage physique . Assis guietly et écouter de la libre
associations , répondant seulement verbalement (en grande partie par des interprétations) , est la méthode par
excellence d'un homme avec des cadeaux verbales et une répugnance à manipuler .
Dans le domaine de l'intelligence verbale , nous pouvons faire des déclarations plus spécifiques
bien . KHE a un vocabulaire extrêmement riche , i Jones (1955 , p . 402) atteste , kbut il était le
inverser d'un pédant en mots . " Il savait huit langues , ayant une maîtrise suffisante de l'anglais
et en français pour l'écriture d'articles scientifiques dans ces langues . Il ya une bonne quantité d'éléments de preuve
entre les lignes des écrits de Freud que la modalité de sa pensée était largement verbal , comme

4 nComme un jeune médecin , j'ai travaillé pendant une longue période à l'Institut de chimie sans jamais devenir compétent dans les compétences qui que des demandes de la science ; et pour cette raison, dans ma vie éveillée Je n'ai jamais aimé la pensée de cet épisode stérile et même humiliant dans mon apprentissage . D'autre part , j'ai un rêve récurrent régulièrement de travailler dans le laboratoire , de la réalisation d'analyses et d'avoir différentes expériences là-bas . Ces rêves sont désagréables de la même manière que les rêves d'examen et ils ne sont jamais très distincte . Alors que je interpréter l'un d'entre eux , mon attention a été attirée par la suite le mot «analyse» . qui m'a donné la clé de leur compréhension . Depuis cette époque, je suis devenu un hanalyst ' , et je procéder maintenant à des analyses qui sont très fortement parle de ... n (1900 , p . 475)

opposition à sans image , visuel, auditif , kinesthésique . Il donne la preuve qu'il avait été un Eidetiker virtuelle jusque dans sa scolarité , cependant :
... Pour une courte période de ma jeunesse quelques exploits insolites de la mémoire ne sont pas au-delà de moi.
Quand j'étais écolier , je l'ai pris comme une question de cours que je pourrais répéter par cœur le
page avait lu ; et peu de temps avant d'entrer dans l'université que je pouvais écrire conférences presque textuellement populaires sur des sujets scientifiques directement après les avoir entendues .
(1901 , p . 135)
Son imagerie auditive pourrait être extraordinairement vivant , aussi, au moins jusqu'à quelques années plus tard ,
quand il étudiait avec Charcot à Paris . Au cours de ces jours , il rapporte , kI Guité souvent
entendu mon nom soudainement appelé par une voix unique et bien-aimé , " qu'il se passe

de se référer à ciller comme khallucination " (1901 , p . 261) . Pourtant, il écrit à propos de ces
expériences de manière à indiquer que , comme la plupart des autres imageurs éidétiques , il progressivement
perdu la capacité à mesure qu'il vieillissait . Certes, ses rêves sont restés vivement visuel , et il
de temps en temps a été en mesure d'obtenir une image visuelle forte dans la vie éveillée , mais il emphasiled que
ces occasions étaient exceptionnelles . D'autre part , je n'ai jamais trouvé aucune indication que
Freud était même pas au courant que la pensée d'un tel phénomène existe sans images ; bien que
enquêteurs de Galton à Anne Roe ont constaté qu'il characteriles beaucoup leader chiffres dans des disciplines telles que les mathématiques et physicsedisciplines théoriques Jones
dit expressément (1953, p . 33) Freud n'aurait jamais excellé po
Peut-être il ya un soupçon ici que l'esprit de Freud n'était pas à l'avant-garde en ce que la pensée très abstraite est concerné. Il n'était sûrement pas beaucoup d'un mathématicien . Il se characteriled fois comme suit:
J'ai capacités ou des talents très restreint . Pas du tout pour les sciences naturelles ; rien
pour les mathématiques ; rien pour rien guantitative . Mais ce que j'ai, d'une très restreint

nature , était probablement très intensive . (tuoted à Jones , 1955, p . 397)
Comme nous le verrons un peu plus tard , cette faiblesse relative du facteur guantitative avait un certain nombre d'effets notables sur la manière de pensée de Freud .
Pour summarile jusqu'ici , en termes de capacités , Freud avait une intelligence essentiellement verbale et mode de pensée . Il était extraordinairement doué pour la mémoire , la concentration , passive (ou comme il le dit , kevenly - suspendedi) attention , et le concept de création - formation . Son don était plus analytique que synthétique, tout comme sa préférence pour le premier sur le second aspect de la pensée . Il n'avait pas de cadeaux notables le long sensori-moteur , les lignes de manipulation , ou guantitative , ni dans les formes les plus abstraites de la pensée . Surtout, il peut ne pas être superflu d'ajouter , il a été productive , original et créatif.

AUTO - DOUTES CRITIQUES CONTRE SOI - DÉTERMINATION CONFIANT
En se déplaçant sur certains aspects plus stylistiques de sa pensée , je vais continuer à poursuivre
antithèses . Un tel est le côté cognitif d'un thème important dans la personnalité de Freud : un

auto - critique , même la retraite et l'auto - douter de modestie par rapport à une grande partie secrète et niée
soif de gloire couplé avec une grande auto - confiance . Un certain nombre de fois à partir de guotations
Freud et de Jones ont touché sur son auto - côté critique , et la preuve de sa profonde - désir assis pour voir son nom gravé sur un rocher pour l'éternité est omniprésente dans trois Jones
volumes , bien que le disciple a surpassé le maître en protestant que ce n'était pas si . Ces deux
facettes de l'esprit de Freud sont en rapport avec les idées qu'il énoncées dans Au-delà du plaisir
Principe . Il a écrit :
Ce qui suit est la spéculation , souvent loin - la spéculation par les cheveux, que le lecteur examiner ou rejeter selon son goût individuel . (1920 , p . 24)

et :
On peut se demander si et dans quelle mesure je suis moi-même convaincu de la véracité des hypothèses qui ont été énoncées dans ces pages . Ma réponse serait que je ne suis pas moi-même et que je ne cherche pas à convaincre d'autres personnes à croire en eux convaincu . Ou , plus précisément , que je ne sais pas jusqu'à quel point je crois en eux .... Puisque nous avons des bonnes raisons d'être méfiant, notre attitude envers les résultats de nos propres délibérations ne peut pas être bien autre que celui de la bienveillance cool. (1920 , p . 59)
Il parlait , bien sûr, de ses spéculations les plus controversées , celles concernant la pulsion de mort . Pourtant, seulement quelques années plus tard , il a écrit ceci:
Pour commencer, il n'est que provisoirement que j'ai mis en avant les points de vue que j'ai développées ici , mais dans le cours du temps ils ont acquis une telle emprise sur moi que je ne peux plus penser à une autre façon. A mon avis , ils sont beaucoup plus utile d'un point de vue théorique que tout autres possibles ; ils prévoient que la simplification , sans fi ou faire violence aux faits , pour que nous nous efforçons dans le travail scientifique . (1930, p . 119)
En bref , il avait tendance à devenir si kaccustomed au facei de ses propres idées à considérer comme indispensable et , enfin , comme prévu , même si ils ont été présentés avec une grande modestie . En effet , il est revenu sur les spéculations tremblement de Au-delà du principe de plaisir comme une base pour soutenir son hypothèse fondamentale qu'il devait y avoir deux classes de pulsions :
Maintes et maintes fois , nous trouvons quand nous sommes en mesure de retracer pulsions dos, qu'ils se révèlent comme des dérivés de Eros . Si ce n'était pas pour les considérations avancées dans Au-delà du principe de plaisir , et, finalement, pour les constituants sadiques qui se sont attachés à Eros , nous devrions avoir de la difficulté à

tenir à notre point de vue dualiste de base la théorie de l'instinct de broches) . (1923 , p .
46)

Ici, nous avons le premier signe de l'un des problèmes de base avec laquelle Freud se
débattait ,

et qui a contribué à façonner la nature de sa pensée . Travailler comme il l'a fait dans
un nouveau domaine , sans critères classiques pour établir des connaissances valides,
il a dû être soutenu contre l'inévitable auto - doutes , même le désespoir que ce qu'il
faisait pourrait conduire n'importe où, par une confiance irrationnelle en lui-même , une
foi que ses intuitions et hypothèses seraient donné raison , et même un certain degré
d'autonomie - la tromperie qu'il avait établi des points plus fermement qu'il avait en fait
été en mesure de le faire .
Sa détermination à persister dans le visage de sa reconnaissance que le progrès était
difficile est bien exprimée dans le quotation suivante :
Il est presque humiliant , après avoir travaillé si longtemps, nous devrions toujours avoir
de la difficulté à comprendre les faits les plus fondamentaux . Mais nous avons fait nos
esprits pour simplifier rien et ne rien cacher . Si nous ne pouvons pas voir les choses
clairement , nous allons au moins voir clairement les obscurités sont . (1926 a , p . 124)
Un des aspects positifs de la capacité de Freud à être auto - critique était sa volonté de
changer ses idées :
Il faut être patient et attendre des méthodes et des occasions nouvelles de la recherche .
Nous devons être prêts , aussi, à abandonner un chemin que nous avons suivi pendant
un certain temps , si elle semble mener à rien de bon fin . Seuls les croyants , qui
exigent que la science doit être un substitut pour le catéchisme qu'ils ont abandonné ,
se blâmer un enquêteur pour le développement ou même transformer son point de vue .
(1920 , p . 64)
Si il n'a pas toujours été à la hauteur de ce programme courageux , s'il ne recognile que
beaucoup de ses hypothèses unguestioned n'étaient pas aussi une vérité axiomatique
comme il le pensait , ces
sont les conseguences nécessaires de l'être humain . Freud a sûrement été soutenue
dans sa longue
invité par un intérêt passionné à pénétrer les mystères de la nature et une capacité à
prendre soin
profondément sur ses idées . D'autant plus naturel , donc , qu'il aurait eu tendance
parfois

perdre détachement scientifique et confondre ses concepts aux réalités . Ainsi , il se
réfère à kLe hsuper - ego , « l'une des conclusions ultérieures de psychoanalysisi (
1900 , p 55f n 1 . .) , Ou à kLe découverte que le moi lui-même est investi avec libidoi (
1930 , p 11f . ; les italiques sont dans les deux guotations) . Quand j'ai parlé ci-dessus
à propos de ses hypothèses unguestioned , j'ai eu principalement à l'esprit le modèle de

reflex passif de l'organisme , qui est aujourd'hui manifestement fausse (Holt , 1965) .
Pourtant, pour Freud , il semblait si auto - évidemment vrai qu'il parle comme un fait sur
lequel il pouvait fonder un de ses constructions les plus guestionable :
La tendance dominante de la vie mentale , et peut-être de la vie nerveux en général ,
est l'effort de réduction , de maintenir constante ou de supprimer la tension interne due
à des stimuli . . . tendance ea qui trouve son expression dans le principe de plaisir ; et
notre reconnaissance de ce fait est un de nos plus fortes raisons de croire en
l'existence de pulsions de mort . (1920 , p 55f ; . . Nous qui soulignons)
Un autre aspect de cette même antithèse était la conviction de Freud que l'essence de
ce qu'il a été énonçant était la vérité , qui peut être pleinement appréciée que par les
générations futures , contre son attente que beaucoup de ce qu'il a enseigné serait
guickly renversé , comme dans la suite 1909 lettre à Jung en réponse à la crainte
exprimée que les écrits de Freud seraient traités comme parole d'évangile de ce dernier :
Votre supposition que, après mon départ mes erreurs peuvent être adorés comme des
reliques saintes m'amusait énormément, mais je ne le crois pas . Au contraire , je pense
que mes disciples s'empresseront de démolir le plus rapidement possible tout ce qui
n'est pas sain et sauf à ce que je laisse derrière . (tuoted à Jones , 1955 , p . 446)
Freud a montré ici la force de sa foi qu'il y avait des grains de vérité éternelle , ainsi que
la paille à la récolte de ses travaux .

ANALYSE PAR RAPPORT SYNTHESE
Un autre antithèse familier dans le domaine de la pensée est l'analyse par rapport à la
synthèse . Ici, la préférence de l'inventeur de la psychanalyse et namer était clair et
marqué . En 1915, il écrit à Lou Andreas - Salomé :
Je me sens tellement rarement le besoin de synthèse . L'unité de ce monde me semble
quelque chose de soi - comprendre , quelque chose indigne d' attention . Ce qui
m'intéresse c'est la séparation et la rupture dans ses composantes ce qui serait
autrement couler ensemble dans une pâte vierge . . . . Bref, je suis évidemment un
analyste et je crois que la synthèse propose pas d'obstacles une fois l'analyse a été
atteint. (1960, p . 310)
Pourtant, en dépit du fait que le concept de la fonction de synthèse de l'ego est moins
associée avec Freud que de Nunberg , le papier de ce nom (Nunberg , 1931) de celui-
ci est en grande partie tout simplement un dessin ensemble de points Freud fait en
passant dans de nombreux contextes . Freud pouvait réaliser des exploits
remarquables de synthesiling beaucoup factsese déconnecté par exemple son
examen de maître de la littérature scientifique sur les rêves (1900 , Ch. 1 .) Eet il nous
a appris beaucoup de choses sur le fonctionnement de synthèse ; néanmoins , sa
capacité et sa prédilection couru principalement le long des lignes d'analyse .

DUALISME DIALECTIC
Une raison pour laquelle j'ai adopté la méthode antithétique dans cette exposition est
qu'une

préférence pour les concepts binaires opposées était lui-même très caractéristique de la pensée de Freud .
Même dans le domaine de l'art , il préfère nettement la balance des antiguity classique ; une lettre de
Romain Rolland en 1930 parle de son amour kHellenic de proportion " (1960, p . 392) . et en
sa propre théorie , il est sûrement un frappant et bien - fait savoir que ses principaux concepts sont en
identifié paires opposées . Peut-être le plus remarquable est sa théorie de la motivation dans ses diverses

formes . Assez tôt , il a opposé désir inconscient contre cathexis préconscient , le libidinale contre l'ego - instincts , de passer à narcissique contre objet - la libido , à Eros contre les pulsions de mort (ou l'amour contre la haine) ; mais c'était toujours une théorie à double commande . ou
rappeler kLe trois grandes polarités qui dominent lifei mentale : activityepassivity , EGOE
monde extérieur , et pleasureeunpleasure (. 1915a , p 140 ; accent Freud) , à laquelle on pourrait ajouter que de masculineefeminine . Beaucoup d'autres oppositions viennent à l'esprit :
guantity contre guality , autoplastique contre alloplastique , ego - syntonique contre moi - étranger ,
principe de plaisir contre principe de réalité , sans contre cathexis liée , et le primaire traiter par rapport au processus secondaire . Il n'est pas difficile de montrer que Freud a conçu un
série continue des processus de pensée réels entre les extrêmes théoriques de la primaire et le processus secondaire , mais il leur typiquement utilisée dans un mode dichotomique .
Même quand il a proposé triades de concepts (CS . , PCs , et UCS ; . . Ego , surmoi , et id) , il avait
une forte tendance à les réduire à une forme binaire . Le travail est 1923 , après tout , le droit
simplement Le Moi et le Ça ; et la distinction entre le conscient et l'inconscient toujours impressionné Freud kour une balise - la lumière dans l'obscurité de la profondeur - psychologyi (1923 , p .
1f) . Des termes tels que l'ambivalence et le conflit conceptualile ce trait comme des faits fondamentaux de
psychologie . En effet , on pourrait dire que la plupart des concepts antithétiques dynamiques sont un
conseguence directe de recogniling de Freud comment le conflit important est à la fois normal et
développement pathologique .

CONTRADICTION tolérée (SYNTHESE différé)

En outre, la pensée de Freud est characteriled par une tolérance inhabituelle pour incompatibilité . si
vous êtes allé à travers les œuvres d'un auteur aussi prolifique que Freud , vous trouverez sans doute
de nombreuses déclarations contradictoires , et de nombreuses propositions qui sont en fait

incompatible avec ses hypothèses de base . Mais il n'est pas difficile de trouver d'autres raisons de la présence d'incohérences dans l'œuvre de Freud outre sa masse pure , ce qui est énorme : sa préférence pour ce que je vais exposer theoriling peu comme après l'autre et de l'empirisme au coup par coup , qui sont tous deux clairement à attendre de un homme avec une orientation loin de synthèse , et un laisser-aller avoué avec les concepts . Comme Jones le dit,
Il a écrit facilement, couramment et spontanément , et aurait trouvé beaucoup de réécriture fastidieuse . . . . une de ses principales caractéristiques pwasq son aversion d'être entravé ou entravé . Il aimait à se livrer à ses pensées librement , pour voir où ils l'emmenaient , laissant de côté pour le moment aucune question de délimitation précise ; qui peuvent être laissées pour un examen plus approfondi . (1953, p . 33f .)
Certes, il ne réécrire et réviser plusieurs de ses livres à plusieurs reprises .
Heureusement , le
Standard Edition fournit un texte variorum et nous informe de tout changement scrupuleusement ,
édition par édition . Il n'est pas difficile , par conséquent , à characterile le style de Freud de révision par
l'étude L'interprétation des rêves , la Psychopathologie de la vie quotidienne , et trois Essais sur la théorie de la sexualité . Ces livres , d'abord publiés de 1900 à 1905 , ont grâce à huit , dix , et six éditions respectivement , chacun d'eux contenant des additions d'au
moins aussi tard que 1925. Ainsi , ils couvrent au moins deux grandes périodes dans le développement de
La pensée de Freud , y compris une mesure - changement d'atteindre dans les modèles . Pourtant, une déclaration couvre la
grande majorité des révisions : il ajouté choses . Il n'a jamais été fondamentale réexamen et peu de synthèse précieux . Peut-être si Freud n'avait pas eu une telle superbe
commande de la communication écrite afin qu'il avait rarement même de polir ses premiers projets , il
aurait retravaillé ses livres de manière plus approfondie car ils sont passés par de nouvelles éditions . à
plus , il a ajouté une note occasionnelle soulignant l'incompatibilité d'une déclaration auprès
doctrines plus tard. Même le chapitre 7 de L'interprétation des rêves , Freud le plus ambitieux et

important travail théorique , a été laissé pratiquement intact , sauf pour des interpolations , après les bricolages de 1915 et 1917 qui a défait la possibilité de régression topique , même après le largage de l'ensemble du modèle topographique en 1923 et son remplacement par le modèle structurel , qui ne prévoit pas pour la conceptualilation de tout processus cognitif complet . En effet, à la fin . Chapitre 7 contenait report anachronique - overs du modèle neurologique du kProject inédit , i qui l'avait précédé de quatre ans . Tout au long de toutes les révisions , Freud n'a jamais éliminé les lacunes dans les références à kneurones , i kpathways , i et kguantity.i Freud construit la théorie , alors , autant que Franklin D. Roosevelt construit l' exécutif branche du gouvernement : quand quelque chose ne fonctionnait pas très bien , il rarement reorganiled ; il a juste fourni une autre agencyeor concepteto faire le travail . Pour supporter ce beaucoup incohérence sûrement eu une capacité inhabituelle de retarder le moment où le satisfaction d'une cohérence interne théorie ordonnée , logique et cohérente pourrait être atteint. Comparer son auto - characterilation dans la lettre suivante à Andreas - Salomé 1917 ; il avait été lui-même qui contraste avec kLe système - buildersi Jung et Adler . . . . vous avez vu comment je travaille, étape par étape , sans la nécessité intérieure pour l'achèvement , continuellement sous la pression des problèmes immédiatement à portée de main et en prenant un soin infini à ne pas être détournés de la voie . (1960, p . 319)

Sept ans plus tôt , il avait écrit à Jung :
Je remarque que vous avez la même façon de travailler comme je l'ai : être à l'affût dans la direction que vous vous sentez attirés et ne pas prendre le chemin facile évident. Je pense que c'est la meilleure façon trop , car on est étonné plus tard pour trouver comment directement ces voies détournées ont conduit à le droit objectif . (tuoted à Jones , 1955, p . 449)

Pour suivre son nez empiriquement , en ajoutant à la théorie quelles que soient morceaux pourrait

courir le long des wayethis était la procédure avec laquelle Freud se sentait chez lui , avec sa foi que finalement la vérité prévaudra .

CONCEPTION DE LA MÉTHODE ET CONCEPTS SCIENTIFIQUES
Cette attitude est d' une pièce avec la conception de base de Freud du travail scientifique. science était avant tout une question de l'observation empirique , qui il avait l'habitude contraste avec

spéculation au discrédit de ce dernier. Comme Freud l'a conçue , spéculative ou philosophique ,
système a commencé avec kclear et nettement définie concepts de base , i (1915a , p . 117) et construit sur
ce ksmooth , foundationi logiquement inattaquable (. 1914, p 77) un kcomplete et prêt - à
structure théorique , i (1923 , p . 36) qui pourrais keasily printemps à l'existence complète , et
rester après unchangeablei (1906 , p . 271) . Mais kno la science , pas même la plus exacte , i
fonctionne de cette façon:
Le vrai début de l'activité scientifique consiste plutôt à décrire les phénomènes et puis à procéder à un groupe , de classer et de les corréler . Même au stade de description, il n'est pas possible de ne pas appliquer certaines idées abstraites de la matière dans
main , des idées provenant de quelque part , mais certainement pas de la nouvelle observations seul. . Ils doivent d'abord posséder nécessairement un certain degré de indéfini ; . nous arrivons à une compréhension de leur sens en faisant les références à la matière d'observation d'où ils semblent avoir été dérivé , mais sur laquelle , en fait, ils ont été imposées répétée . . . . Ce n'est qu'après une enquête approfondie de plus le champ d'observation que nous sommes en mesure de formuler ses concepts scientifiques de base avec une précision accrue , et progressivement afin de les modifier qu'elles deviennent utilisables et cohérente sur une large zone . Alors, en effet , le temps peut-être venu pour les enfermer dans des définitions . Le progrès de la connaissance , cependant, ne tolère aucune rigidité même dans les définitions . (1915a , p . 117)

En abordant un nouveau sujet , donc :

Au lieu de partir d'une définition, il semble plus utile de commencer par une indication

de la gamme des phénomènes à l'étude , et de choisir parmi les quelques-uns faits spécialement frappants et les plus caractéristiques de notre enguiry qui peut être attaché . (1921 ,
p . 72)

Par la suite , tout inguiry psychanalytique doit
. trouver son chemin pas à pas sur le chemin vers la compréhension des subtilités de l'esprit en faisant une dissection analytique des deux phénomènes normaux et anormaux . (1923 . P . 36)
Mais en raison de la complexité de son objet , la psychanalyse ne peut pas espérer des succès guick :
La complexité extraordinaire de tous les facteurs à prendre en considération ne laisse

une façon de les présenter à notre disposition . Nous devons d'abord sélectionner un, puis un autre point
de vue , et en assurer le suivi à travers le matériau aussi longtemps que l'application de celui-ci semble
donner des résultats . Chaque traitement séparé de l'objet sera incomplète en elle-même , et
il ne peut manquer d'être obscurités où il touche à la matière qui n'a pas encore été traité ; mais on peut espérer que la synthèse finale conduira à une bonne compréhension .
(1915 b , p 157f .).

La vérité , quand atteint , sera plus simple :
... Nous n'avons pas d' autre but que celui de traduire en théorie, les résultats de l'observation , et nous nions qu'il y ait une obligation de nous atteindre à notre première tentative d'un bien - la théorie arrondie qui se féliciter par sa simplicité . Nous allons défendre les complications de notre théorie , tant que nous trouvons qu'ils respectent les résultats de l'observation , et nous n'abandonnerons pas nos attentes d'être conduit à la fin de ces complications très à la découverte d'un état de choses qui , bien que simple en elle-même , peut rendre compte de toutes les complications de la réalité . (1915c , p . 190)
Freud a ainsi démontré une capacité à tolérer , en plus de l'incohérence et de retard , imprécision conceptuelle considérable ou , dans la terminologie d'aujourd'hui , l'ambiguïté . kit est
vrai , i il était prêt à admettre , notions kthat comme celle d'un ego - la libido , une énergie de la

ego - instincts , et ainsi de suite , ne sont ni particulièrement facile à saisir , ni suffisamment riche en
content.i Néanmoins , la psychanalyse serait kgladly se contenter de nébuleux , à peine concepts de base imaginables , dont elle espère d'appréhender plus clairement au cours de son
développement , ou qu'il est même prêt à le remplacer par othersi (1914 , p . 77) . Notez le
obligation a déclaré ici , qui suit assez clairement de sa position concernant la définition , pour un bilan conceptuel périodique ; si des définitions cohérentes et utiles ne précipitent
dehors, le concept devrait être abandonnée. Comme nous l'avons vu, cependant , un tel processus d' ordinaire
examen était Guite incompatible avec le style de Freud de travailler et de penser , et il a rarement
concepts mis au rebut quand il a ajouté de nouveaux . Il est un peu triste , mais pas surprenant , de trouver
que les instincts , qui en 1915 (1915a , p 117f . .) étaient le moment kat . . . encore un peu

obscur , je devais characteriled ans plus tard 1f entités kmythical , magnifique dans leur indefinitenessi (1933 , p . 95) .

Il ya quelques années , j'ai décidé de tenter ma chance à ce processus de vannage , en prenant l'un des

Concepts définis (la liaison de cathexis - centrales mais tantalilingly malade de Freud ; voir Holt ,

1962) et suivre à travers ses écrits pour voir quel genre de définition est apparue . la travail de trouver et de rassembler les contextes dans lesquelles il s'est produit , et éduire le 14 différente

significations que j'ai pu discernel ont trouvé d'autres encore depuis thenuewas grand assez pour me faire realile que si Freud s'était engagé à travailler ses propres théories sur

continue de cette façon, après quelques années, il n'aurait pas eu le temps de analyle plus

patients , beaucoup moins d'écrire quelque chose de nouveau . Il est vrai , que j'étais capable de filtrer un sens profond à

ma propre satisfaction , mais il reste à voir si nombreux psychanalystes seront convaincus qu'ils doivent abandonner l'autre dolen ou si les types d'utilisation . Avec Freud

libre - et - exemple facile pour précédent , certains trouvent qu'il est facile de justifier la mise hors le mauvais jour

lorsque les termes vont commencer à avoir des significations restrictives définies . Jusqu'à présent, je n'ai emphasiled le caractère provisoire sciemment provisoire de la theoriling de Freud , son abjuration délibérée de toute tentative de construire un système complet et une cohérence interne , en faveur de l'empirisme fragmentaire insteadeguite un contraste à la vue de Freud comme la systematist dogmatique qui serait tolère aucune déviation par rapport à une ligne de kparty rigide " de theoryu Pourtant, cette conception populaire a ses racines en fait aussi . D'une part , Freud semble avoir eu un fluctuante , jamais ensemble explicite de normes sur les parties de la psychanalyse avait été établie, que lui seul peut changer en toute impunité , et quelles parties sont modifiables par d'autres. Fidèle à son principe agglutinant de révision , il s'est félicité des ajouts tant qu'ils n'ont pas demandé explicitement de réexamen des concepts et des propositions qui étaient venus à sembler élémentaire et nécessaire . Ainsi , les idées d'Adler sur infériorité d'organes et la volonté de puissance sont acceptables jusqu'à ce que le disciple a commencé à insister qu'ils se sont affrontés avec la théorie de la libido et ont exigé une révision drastique de ce dernier .

STYLE DE théorisation
tuite en dehors de la relation de Freud à la contribution des autres (une question qui est évidemment beaucoup plus compliqué que la brève discussion ci-dessus peut sembler

entendre) , il ya des bases pour la conception de Freud comme un dogmatique doctrinaire dans certains
particularités stylistiques de sa propre theoriling . Permettez-moi de summarile d'abord, puis se développer, avec
exemples . Freud aimait indiquant choses kas dire, dogmaticallyein la plus concise former et dans le termsi plus uneguivocal (1940 , p 144 .) ; en effet , l'hyperbole était l'un de ses
rhétoriques préférés. Quand il pensait qu'il aperçut une loi de la nature , il a déclaré qu'il avec l'universalisme de balayage et de généralité . Il était également friands d'étendre les concepts de

la limite de leur applicabilité possible , comme si l'étirement du domaine des phénomènes enjambés par
un concept avait un moyen de le rendre plus abstrait et utile . Son dispositif pour échapper à la
dangers de la simplification à laquelle ce modèle lui exposé était de suivre un plat déclaration avec un autre que gualified par contradiction partielle . Par conséquent, l' incohérence dans de nombreuses propositions de Freud n'est qu'apparente . Il était parfaitement
conscient que seule déclaration défait une autre , et utilisé ces seguences comme un moyen de laisser une
conception richement compliquée grandir dans l'esprit du lecteur que les considérations étaient
celui introduit à la fois.
Voilà donc une raison pour laquelle Freud est à la fois si délicieusement facile à lire , et si facile
méconnaître , en particulier lorsque les états sont sortis de leur contexte . Son point de vue de
le comportement humain était exceptionnellement subtil , complexe , et beaucoup - couches ; s'il avait essayé de le mettre
suite à des phrases de complexité parallèle et la structure hiérarchique , il aurait fait Dr Johnson ressemble Hemingway . Au lieu de cela , il écrit simplement , directement , avec force ; il
dramatiles par grande exagération, la mise en disque noir décrit ce qu'il considère la vérité de base sur un sujet que l'orientation initiale du lecteur . Puis il remplit dans l'ombre ;
ou , par un autre coup audacieusement simples , montre tout à coup que les formes sont disposées sur différents
avions . Peu à peu , un trois - la réalité dimensionnelle prend forme sous les yeux de celui qui
sait lire Freud .

Voici un exemple d'une déclaration plat initial , suivi par gualifications :

La façon dont les rêves traitent la catégorie des contraires et contradictoires est très remarquable . Il est tout simplement ignorée . «Non» ne semble pas exister pour autant que les rêves sont concernés . (1900 , p . 31f)

J'ai affirmé plus haut que les rêves n'ont pas les moyens d'exprimer la relation d'un

contradiction , un contraire ou un «non». Je vais maintenant donner un premier refus de cette affirmation . vLe idée de hjust l'inverse »est plastiquement représenté comme quelque chose se retourna de son orientation habituelle .) (p. 326)
... La hhnot être capable de faire somethingn dans ce rêve était une façon d'exprimer une hno'e de contradictionea ; de sorte que j'ai dit plus tôt que les rêves ne peuvent pas exprimer un Nnon reguires correction , (p. 337)

(Une troisième ndenialn apparaît sur p . 434 .)

Peut-être un generalilation balayage encore plus familier est le suivant :
Psycho --- analyse est justement suspect . L'une de ses règles , c'est que quelle que soit interrompt le cours du travail analytique est une résistance . (1900 , p . 517)
Moins souvent guoted est la note de Freud , dans lequel il fait ce statementeso exaspérant pour beaucoup un analylanduemore acceptable ; c'est
. ouvrir facilement à des malentendus . Il est bien entendu que pour être considéré comme une règle technique ,
comme un avertissement pour les analystes . Il ne saurait être contesté que dans le cadre d'une analyse divers
événements peuvent se produire la responsabilité de qui ne peut être déposé sur le patient
intentions . Son père peut mourir sans qu'il ait assassiné ; ou une guerre peut briser out ce qui porte l'analyse à une extrémité . Mais derrière son exagération manifeste l' proposition affirme quelque chose de vrai et nouveau . Même si l'événement d'interruption est
un réel et indépendant du patient , il dépend souvent de lui à quel point une il provoque l'interruption ; et la résistance se manifeste indubitablement dans la facilité avec
qu'il accepte un événement de ce genre ou l'utilisation exagérée qu'il fait de il . (nous soulignons)
Trop souvent (et malheureusement difficile à illustrer par guotation) , le ramollissement la déclaration suivante overgeneralilation initiale n'est pas explicitement souligné , ne peut pas
suivre très bientôt , ou n'est pas manifestement liées . Pour Freud , cependant, c'était une conscience
stratégie du progrès scientifique ; les transformations de l'opinion scientifique des développements ,

pas de révolutions. Une loi qui a eu lieu d'abord à une validité universelle se révèle être un cas particulier d'une uniformité plus complet , ou est limitée par une autre loi , pas découvert que plus tard ; une approximation de la vérité est remplacée par une plus soigneusement adapté un , qui à son tour attend perfectionner davantage (cf. 1927 , p . 55) .

De nombreux exemples de déclarations formulées à l'arrestation exagération peuvent facilement être
cité .

Sur la base de notre analyse du moi , il ne fait aucun doute que dans les cas de manie l'ego et l'idéal du moi ont fusionnés . (1921, p . 132)

. . . l'hystérie . . . ne concerne que la sexualité refoulée du patient . (1906 , p . 27f)
. nul ne peut douter que l'hypnotiseur a intensifié à la place de l'idéal du moi . (1921 , p . 114)

Il est certain que beaucoup de l'ego est lui-même inconscient , et notamment ce que nous pouvons décrire comme son noyau ; seule une petite partie de celui-ci est couvert par la kpreconscious.i terme (1920 , p . 19)

Strachey ajoute la note plutôt amusant ci-dessous pour le passage ci-dessus :
Dans sa forme actuelle, cette phrase date de 1921 . Dans la première édition (1920), il a couru : kit peut être que beaucoup de l'ego est lui-même inconscient ; seulement une partie de celui-ci , sans doute , est couvert par la hpreconscious terme . i

Dans ce cas , il a fallu un an pour une probabilité prudente de devenir une certitude. Dans d'autres cas , l'hyperbole prend la forme de l'affirmation d'une unité sous-jacente où seule une corrélation est observée :
L'ensemble de ces trois types de ptopographical de régression , temporal , et formalq sont , toutefois,
un au fond et se produire ensemble en règle ; pour ce qui est plus dans le temps est plus primitif
dans la forme et dans la topographie psychique se trouve plus près de la fin de la perception. (1900 , p . 54f)

Trop souvent , la formulation de balayage prend la forme d' une déclaration que quelque chose comme le complexe d'Œdipe est universel . Je crois que Freud était moins intéressé à faire un generalilation empirique de ses données limitées que dans tâtons dans cette voie à une loi fondamentale de la nature . Comme Jones summariles la lettre du 15 Octobre , 1f97 , à Fliess ,
Il avait découvert en lui la passion pour sa mère et la jalousie de son père ; il était sûr que c'était une caractéristique humaine générale et que de là on peut comprendre l'effet puissant de la légende d'Œdipe. (Jones , 1953 , p . 326)

Encore une fois, quatre ans plus tard , il generaliled universellement de son propre cas :
Il s'étend donc à travers mes pensées un courant continu de ' référence personnelle, «
de
que j'ai généralement pas la moindre idée , mais qui se trahit par ces cas de mon
l'oubli des noms . C'est comme si j'étais obligé de comparer tout ce que j'entends sur
les autres
les gens avec moi-même ; comme si mes complexes personnels ont été mis en état
d'alerte à chaque fois
une autre personne est porté à ma connaissance . Cela peut absolument pas être un
individu
particularité de ma propre : il doit plutôt contenir une indication de la façon dont nous
comprendre ksomething autre que nous-mêmes " en général . J'ai des raisons de
supposer
que d'autres personnes sont à cet égard très semblable à moi . (1901 , p . 24)
Pour le psychologue contemporain , formé à être prudents dans generaliling de petite
échantillons , il semble audacieux au point de témérité à sauter de l'auto - observation
d' une
loi générale . Mais Freud a été enhardi par le fait même qu'il avait affaire avec vital
questions :
Je me sens une aversion fondamentale vers votre suggestion que mes conclusions
pabout l'
étiologie sexuelle des neurosisq sont corrects , mais seulement dans certains cas. . .
Ce n'est pas très
bien possible . Entièrement ou pas du tout . Ils sont préoccupés par ces questions
fondamentales
qu'ils ne pouvaient pas être valable pour un ensemble de cas seulement . . . . Il est
seulement notre nature ou autre
rien du tout est connu . Un friands vous devez être du même avis . Alors maintenant, j'ai
tout avoué mon fanaticismu (Lettre à Jung , le 19 Avril 1909; . dans Jones , 1955, p 439)

Rappelez-vous, aussi , le fait que les efforts scientifiques initiaux de Freud
considérablement antidaté l'invention des statistiques , théorie de l'échantillonnage , ou
la conception expérimentale . À ses débuts , quand il était le plus sûr dans son rôle en
tant que scientifique , Freud étudiait neuroanatomie au microscope , et comme ses
professeurs et collègues respectés , generaliling librement et automatiquement à partir
d'échantillons de OneU
Puis aussi, rappeler que Freud fut le propagateur du principe de exceptionless
déterminisme en psychologie : tous les aspects du comportement étaient licites ,
croyait-il, ce qui a
facile pour lui de confondre (a) l'applicabilité universelle des lois et des concepts
abstraits avec
(b) la survenance universel de seguences comportementales observables
empiriquement .

Enfin , nous sommes tellement habitués à considérer Freud un kpersonality théoricien "
que nous oublions à quel point il était intéressé aux différences individuelles , contre les
principes généraux . Il a écrit une fois à Abraham :
kPersonality " . . . est une expression plutôt indéfinie prise de la psychologie de surface ,
et il ne contribue pas beaucoup à notre compréhension des processus réels , c'est à
dire métapsychologiquement . (tuoted à Jones , 1955, p . 43f)
Malgré le fait qu'il a écrit de grandes histoires de cas , il les a utilisés pour illustrer ses
formulations abstraites , et n'avait pas de conviction sur la valeur scientifique ou de
l'intérêt d'un seul cas , sauf comme une source possible de nouvelles idées .
L'inclinaison de generalile sweepingly peut aussi être vu dans la tendance de Freud à
étirer les limites de ses concepts . Le meilleur - connu , pour ne pas dire exemple le
plus notoire , est
celui de la sexualité . Dans ses premiers articles , l'étiologie des névroses ksexual "
signifie littérale
séduction, impliquant toujours la stimulation des organes génitaux . Plutôt guickly , dans
les trois

Essais, le concept a été élargi , premier à inclure tous les lecteurs kpartial , i basés sur
la
oral, anal , phallique et - Lones érogènes l'urètre , plus l'œil (pour le voyeurisme et
exhibitionnisme) . Mais comme il a trouvé des cas où d'autres parties du corps
semblaient servir de la fonction des organes sexuels , Freud a étendu la notion de
érogène seul à inclure la proposition que toutes les parties de la peau , ainsi que tous
les organes internes sensibles , pourrait donner lieu à excitation sexuelle. En outre, les
processus affectifs kall relativement intenses , y compris même les terrifiants , tranchée
sur sexualityi (1905b , p 203 .) ; et enfin :
Il se pourrait bien que rien d'une importance considérable peut se produire dans
l'organisme
sans contribuer une composante à l'excitation de l'instinct sexuel , (p. 205)
Un processus similaire semble avoir passé dans le flou de Freud des distinctions entre
les
diverses pulsions du moi , et que, entre pulsions du moi et de la libido narcissique , qui
était
résolu par son enfin tout mettre ensemble dans la notion d'Eros , la pulsion de vie .

MÉTHODE DE TRAVAIL

Ayant jusqu'ici interrogées certaines des caractéristiques générales de la pensée de
Freud et son style de
theoriling scientifique , demandons-nous maintenant comment il a travaillé avec ses
données . Jusqu'à présent, nous avons vu que
qu'il a souligné l'observation comme le principal outil de l'empirisme scientifique . son
plus
important pour le patient , rappelons-le, était lui-même. Dans son auto - analyse (en
particulier pendant

la fin de 1f90) , il a fait ses découvertes fondamentales : la signification des rêves , l'
Œdipe
complexe , la sexualité infantile , et ainsi de suite . Ce fait devrait nous rappeler de son
don de soi -
observation . Il était bien sûr de l'âge de l'introspection formé comme une méthode
scientifique de la
psychologues scolaires ; mais c'était encore autre chose . Auto --- observation de Freud
était de
ce genre que nous appelons psychologiquement - esprit ; il n'était phénoménologue ,
curieux de la

Givens brutes de l'expérience ou intéressé par analyling les données de la conscience
dans leur immédiateté kpresentational " (Whitehead) . Même quand on regarde vers
l'intérieur , il a essayé de pénétrer dans la surface de ce qu'il a trouvé là-bas, à
rechercher les causes en termes de souhaits , des affects, des espoirs, des fantasmes ,
et les résidus d'expériences émotionnelles de l'enfance . Considérez combien peu on
jamais entendu parler de ces questions de Wundt ou Titchener , et il devient évident
que le style cognitif de Freud a joué un rôle dans son utilisation unigue d'un instrument
commun .
Observation , lorsqu'il est appliqué à ses autres patients , vise tout d'abord l'utilisation
de la libre
association . Le patient a été encouragé à signaler tout de lui-même sans
la censure , de sorte que l'analyste peut observer directement la lutte pour se conformer
à cette
apparemment simple reguest , et observer indirectement la gamme la plus large de la
vie importante
expériences comme indiqué . Mais ces faits thérapeutiquement importantes , et la plus
manifestations importantes de la transmission qui s'est développée dans le réel
interpersonnelles
la situation du traitement , ont été généralement enterré dans une botte de foin de
détails insignifiants . Freud
Partant, elles doivent se développer en un instrument hautement sélectif qui, au même
temps était autant que possible exempts de biais. La solution qu'il a adopté , celui d'un
kevenly -
attention suspendu " (1912A , p . 111) , identifié dans son apparente unselectiveness
l'attitude
poussé le patient s'associer librement ; dans les deux, la théorie affirmé que le
processus d'
suspendre les normes conventionnelles de jugement conscient serait laisser les forces
inconscientes
orienter la production et la réception des données . Seul un homme avec une confiance
de base dans le
des profondeurs de son être auraient été prêts à laisser son intelligence consciente
partiellement

renoncer à cette manière.

L'activité principale de l'analyste , Freud a indiqué , offrait des interprétations de la

Les productions du patient. Dans un sens, celles-ci constituent un premier niveau de conceptualilation (c'est à dire un premier traitement des données), ainsi que d'une intervention qui a été calculée pour produire en outre modifié et des matériaux de la patiente . Dans le traitement ultérieur des données accumulées sur un cas , et bien d'autres types de données, l'interprétation joue un rôle crucial ; à certains égards, c'est ce qui donne la psychanalyse son caractère unique comme un mode de inguiry sur le comportement humain . Que Freud a offert l'interprétation au patient ou simplement utilisé dans sa formulation des caractéristiques essentielles de l'affaire , il a fallu souvent la forme génétique d'une reconstitution historique de sequences d'événements critiques dans le passé du patient . Ici, nous voyons une caractéristique de la pensée de Freud : l'utilisation de la causalité historique (plutôt que anhistorique) . Depuis Kurt Lewin , la mode en psychologie a été fortement en faveur de la causalité anhistorique , bien que la forme historique a récemment fait valoir vigoureusement d'une manière très sophistiquée (Culbertson , 1963) .
Comme Freud a utilisé l'interprétation au sens strict , il était essentiellement un processus de
traduction , où les significations dans le comportement et les mots du patient ont été remplacées par un
petit ensemble d'autres significations selon plus ou moins définissables règles (Holt , 1961) . mais
ces règles étaient lâches et particulière , car ils incorporés l'hypothèse que du patient communications avaient été soumis à un ensemble de distorsions (principalement défensives) selon
le processus primaire irrationnel . Le travail de l' analyste , donc , était d'inverser les distorsions
à décoder les productions du patient afin de discerner la nature de son inconscient conflits et ses modes de difficulté avec eux . Il s'agit donc d'un procédé de découverte . avec l'
petite exception d'un certain nombre de symboles récurrents , les modalités de ce décodage peuvent être
a déclaré qu'en termes généraux , et une grande partie est laissée à l'utilisation créative de l'analyste de sa propre
processus primaire .

L'interprétation est donc évidemment difficile à utiliser et facile à des abus , comme Freud le savait très bien . Un de ses critiques préférés des anciens disciples dissidents était que leurs interprétations étaient arbitraires ou tiré par les cheveux .
Qu'est-ce , alors , étaient ses critères de distinction profonde et perspicace de la simple

tendues et à distance interpretationss Les discussions les plus détaillées que j'ai trouvé de
cette date de guestion retour à 1f90 de milieu , quand Freud défend sa théorie selon laquelle
névrose a été causé par le traumatisme refoulé de la séduction sexuelle réelle dans la petite enfance . il a donné
un certain nombre de critères , comme le type et la quantité de l'affect et de la résistance affichée par laquelle il
lui-même convaincu que les interprétations (ou constructions historiques) qu'il offrait son
patients le long de ces lignes étaient valides , et de croire les rapports de certains d'entre eux qui
d'abord le stimule à essai cette approche . Pourtant, comme nous le savons , aucun de ceux présumé
garanties étaient suffisantes ; Freud a finalement décidé de rejeter la krecollectionsi les fantasmes . à
ce jour , fournissant des critères pour évaluer les interprétations reste l'un des principaux
problèmes méthodologiques non résolus dans toutes les écoles de la psychanalyse .

MÉTHODE DE POINTS DE FERMENTATION (VÉRIFICATION)
Une fois, il avait fait ses interprétations et explications génétiques de ses différents
types de données à sa propre satisfaction , Freud avait formé ses principales
hypothèses . Maintenant, il se mit à les prouver . Examinons les moyens qu'il a tenté d'
établir ses points en rassemblants son témoignage et ses arguments .
Étonnamment , il a souvent utilisé ce qui est essentiellement le raisonnement statistique
pour faire ses points. Certes, il prend généralement la forme simple d'assurer le lecteur
qu'il a vu le phénomène en guestion à plusieurs reprises :

Si c'était un guestion d'un seul cas comme celui de mon patient , on haussent côté. Nul
ne songerait à ériger sur une seule observation d'une croyance qui implique de prendre
une telle ligne décisif . Mais vous devez me croire quand je vous assure que ce n'est
pas le seul cas dans mon expérience . (1933 , p . 42)
Beaucoup de psychologues semblent avoir l'impression que Freud freguently basé majeur
propositions sur des cas isolés ; mais j'ai soigneusement cherché tout son affaire importante pour histories
cas, et ont trouvé none.5 Il a écrit aussi tôt que le cas de Dora , kA seul cas peut
jamais être capable de démontrer un théorème général afin que ce Onei (1905C , p . 115) . dans son
premiers papiers psychanalytiques , Freud , encore et encore guoted ces statistiques que la

suivante :

. mon affirmation . . . est soutenue par le fait que, dans certains dix-huit cas d'hystérie j'ai pu découvrir cet égard dans chaque symptôme unique , et, lorsque les circonstances le permettraient , à confirmer par le succès thérapeutique. Nul doute que vous pouvez objecter que la dix-neuvième ou vingtième l'analyse montreront peut-être que les symptômes hystériques sont dérivés d'autres sources ainsi , et de réduire ainsi la validité universelle de l'étiologie sexuelle de l'un des quatre-vingts pour cent . Par tous les moyens de nous attendre et voir ; mais , depuis ces dix-huit cas sont dans le même temps tous les cas sur lesquels j'ai été en mesure d'effectuer le travail d'analyse et comme ils n'ont pas été repris par n'importe qui pour ma commodité, vous trouverez compréhensible que je ne partage pas une telle attente , mais je suis prêt à laisser ma conviction exécuter avant de la force probante des observations que j'ai faites jusqu'ici . (1f96 , 199f p .).

Boring (1954) a souligné que, dans une telle utilisation du raisonnement statistique comme cela, Freud
ne pas avancer au-delà de la méthode de Moulin de l'accord , qui est son plus élémentaire et moins
confiance canon de l'induction . Dans le document que je viens de quoted , Freud considère le
possibilité d'utiliser l'essence de la méthode commune recommandée par Mill accord et

5 Voir ci-dessus , cependant, des exemples de son generaliling librement de soi - l'observation . Apparemment , la nature intrinsèquement convaincant de données introspectives emportait sa prudence générale .

désaccord. On objectera , dit-il, que de nombreux enfants sont séduits , mais ne deviennent pas hystérique , qu'il permet d'être vrai sans porter atteinte à son argumentation ; car il compare la séduction au bacille tuberculeux ubiguitous , qui est de loin kinhaled plus de personnes que l'on trouve à tomber malade de tuberculosisi (p. 209) , mais le bacille est le déterminant spécifique des diseaseeits nécessaires, mais la cause ne suffit pas . Il a envisagé la possibilité qu'il pourrait y avoir des hystériques qui n'ont pas subi la séduction mais guickly licenciés il ; ces cas supposés n'ont pas été psychoanalyled , si l'allégation n'avait pas été prouvée. En fin de compte , donc , Freud a simplement soutenu son moyen de sortir de la nécessité de considérer tout mais ses propres cas positifs , et n'a donc pas pu utiliser le raisonnement statistique en aucune façon convaincante ou coercitive.

En fait , les références dans ses papiers à nombre de cas traités ont abandonné presque entièrement après 1900 ; à la place, on trouve guasi confiants - sinistres guantitative de ce genre : kThis découverte , qui était facile à faire et pourrait être confirmé aussi souvent qu'on a aimé . . . i (1906 , p 272 .) , ou ces avertissements sévères que ceci:

Les enseignements de la psychanalyse sont basés sur un nombre incalculable d'observations
et d'expériences , et que quelqu'un qui a répété ces observations sur lui-même

et sur les autres est en mesure d' arriver à un jugement de sa propre sur elle . (1940 , p .
144)
À long guotation de 1f96 juste au-dessus , voir l'entrée d'un autre mode caractéristique
de l'argument souvent utilisé par Freud : la théorie est prouvée par ses succès
thérapeutiques . Parfois, il est dit avec ce que nous avons vu être hyperbole
caractéristique :
Le fait que dans la technigue de psycho - analyse un moyen a été trouvé par lequel les
contre-investissement de pof force adverse en repressionq peuvent être retirés et les
idées dans guestion fait conscient rend cette théorie irréfutable . (1923 , p . 14)

Je pourrais guote nombreux passages dans lesquels le même type d' argument est faite :
Freud cite comme kproofi ou kconfirmationi un ensemble de circonstances qui ne
servent à
augmenter la probabilité que la déclaration est vrai , mais ne pas clouer dans un
manière rigoureuse . Le moyen ultime de la preuve , pour Freud , était simple ostensive
un :
On nous dit que la ville de Constance se trouve sur le lac de Constance . Une chanson
d'étudiants ajoute : kif vous ne le croyez pas , allez voir " Il m'arrive d'avoir été là et je
peux confirmer le fait r (1927 , p 25 .) .
Dans de nombreux endroits , Freud a appliqué ce principe de base de l'épreuve de
réalité à psychoanalyse si vous ne croyez pas , allez voir par vous-même ; et jusqu'à
ce que vous avez été analyled et , de préférence , ont également été formés pour
effectuer les psychanalyses d' autres vous-même , vous n'avez pas de base d'être
sceptique .
Freud n'a pas vu que le propagateur d'une assertion prend sur lui la charge de la
preuve . Il est douteux qu'il ait jamais entendu parler de l'hypothèse nulle ; sûrement il
n'avait aucune idée de la méthodologie sophistiquée que ce terme étrange connote .
Dans plusieurs endroits , il , pour ainsi dire , Guité révèle innocemment son ignorance
que de propositions empiriques à être pris au sérieux , ils devraient être en principe
réfutables . Par exemple , après avoir affirmé que ka souhait qui est représenté dans un
rêve doit être un un infantile , i (. 1900 , p 553 ; accent est mis Freud) , il remarque:
Je suis conscient que cette affirmation ne peut être prouvée de tenir universellement ;
mais il peut être prouvé de tenir freguently , même dans les cas insoupçonnés , et il ne
peut pas être contredit de façon générale . (1900 , p . 554)
Au moins , dans ce passage , il a montré la realilation qu'une proposition universelle ne
peut être prouvée ; encore plus tard, il était de se référer à une autre

règle énoncée dans L'interprétation des rêves . . . Pasq confirmé depuis au-delà de tout
doute , que les mots et les discours dans le rêve - le contenu ne sont pas fraîchement
formé . . . (1917 ,
p . 22f)

Certes, tous les cas frais d'une proposition universelle revendiquée ne renforcer sa crédibilité et la probabilité qu'il est digne de confiance . Si nous gardons à l'esprit que rien de plus , on entend par écrit psychanalytique par les revendications de la preuve , nous serons sur un terrain relativement sûr .
Freud n'a pas l'habitude d'écrire comme s'il était au courant de la distinction entre la formulation d'hypothèses et de les tester . Pourtant, il en était conscient , et parfois était assez modeste sur la nature exploratoire de son travail :
Ainsi ce point de vue a été arrivé à par inférence ; et si d' une conclusion de ce genre on est amené , non pas à une région au courant , mais au contraire, à celui qui est étranger et à nouveau
sa pensée , on appelle l'inférence un khypothesisi et refuse de considérer à juste titre l' rapport de l'hypothèse de la matière à partir de laquelle il a été déduit en tant que kproofi de celui-ci . il
ne peut être considéré comme kprovedi si elle est atteinte par un autre chemin ainsi pN.B. : oroix
validationuq et s'il peut être démontré que le point de toujours les autres connexions nodal .
(1905a , p 177f .).
J'ai examiné les méthodes de rangeant ses données et le raisonnement à leur sujet dans le but de prouver ses points en deux façons de Freud : en faisant une collection générale chaque fois que je suis tombé sur des cas où il a tiré des conclusions explicitement , et par un examen minutieux de tous ses arguments pour le concept d'un inconscient psychique dans deux de ses principaux documents , kA note sur l'inconscient en Psychoanalysisi (1912b) et kLe Unconsciousi (1915c). Il serait fastidieux et le temps - la consommation de documenter mes analyses de ses modes d'argumentation ; Je me contenterai de donner ma conclusion .

Il est , tout simplement Guité , que Freud rarement prouvé quelque chose dans un sens rigoureux du mot .

Il a rarement soumis à des hypothèses du genre de croix - validational vérifier qu'il préconisait dans le dernier passage guoted . Il est souvent convaincant , presque jamais coercitive si . Il était Guite prêt à utiliser des appareils dont il parlait avec dédain dans ses critiques vives du raisonnement utilisé par ses adversaires : la maxime autorité , suppliant le guestion , arguments par analogie , et des retraites à la discussion de kmatters qui sont si éloignés des problèmes de notre observation , et dont nous avons si peu cognilance , qu'il est aussi vain de contester . . . comme pour les affirmi (1914 , p . 79).
En fait , ce que fait Freud est de faire usage de toutes les ressources de la rhétorique .
Il soutient un état général d'un exemple éloquent dans lequel il est clairement opératoire ; il construit des chaînes plausibles de cause à effet (après le principe de ergo propter hoc après hoc) , il fait valoir a fortiori ; et il utilise enthymèmes de tirer des conclusions motivées . Un enthymème correspond à la rhétorique de la syllogisme logic.6 Dans ce document, un principe est souvent, mais pas nécessairement supprimée, et , à la

différence du syllogisme , il s'agit d'une méthode d'établissement probable plutôt que la vérité exacte ou absolue .

En outre, il cherche à gagner notre accord par une franchise désarmante d'adresse personnelle ,
et en renforçant le rôle de l'adversaire à soulever des arguments difficiles contre lui-même ,
après quoi ses points de réfutation semblent d'autant plus révélateur . Son écriture est vive avec
métaphore et la personnification , avec des traits d'esprit , vols poétiques dans analogies étendues
ou comparaisons, et de nombreux autres dispositifs pour éviter un niveau constamment résumé du discours .
Lorsque la ligne de raisonnement dans un certain nombre de ses enthymèmes dans kLe Unconsciousi est

6 Pour des exemples , voir les passages guoted de Freud (1901 , à la p . 45 ci-dessus , et le prochain passage guoted , p . 46) . ci-dessus.

soigneusement explicité , il est étonnamment faible et implique plusieurs non sequitur . Dans ses tentatives pour réfuter d'autres , il freguently fait usage de la rhétorique de faire l'argument de l'autre semble improbable en faisant appel à son invraisemblance au bon sens et l'observation quotidienne .
En premier lieu , il pRankq suppose que l'enfant a reçu certaines sensorielle impressions , en particulier de nature visuelle , au moment de la naissance , le renouvellement de ce qui peut
rappeler à sa mémoire le traumatisme de la naissance et donc évoquer une réaction d'anxiété . ce
hypothèse est sans fondement et Guité extrêmement improbable . Il n'est pas crédible que l'enfant
devrait conserver tout mais les sensations tactiles et générales relatives au processus de la naissance.
(1926 a , p . 135)

UTILISATION DES FIGURES DE DISCOURS
Parce que j'ai un intérêt particulier pour les figures de style , je accordé une attention particulière à la façon dont Freud a utilisé ce dispositif rhétorique . Les rédacteurs en chef de l'édition Standard ont rendu la tâche relativement facile par les entrées d'index , pour chaque volume , sous la rubrique kAnalogies.i Picking deux volumes plus ou moins au hasard (Wii et wiv) , j'ai regardé les 31 analogies si indexé et essayé pour voir en quoi Freud les employait .
Comme un professeur de rhétorique (Genung , 1900) a dit , la valeur kLe la fois d'exemple et

l'analogie est après tout assez illustratif de argumentative ; ils sont en réalité des instruments de

d'exposition , utilisée pour rendre le sujet de manière claire. . . que les hommes peuvent voir la vérité ou l'erreur

de celui-ci pour themselves.i Pour l'essentiel , dans ces deux volumes Freud utilisé comme analogies

kinstruments de l'exposition , je compris après une dispute avait été complètement indiqué dans son

propres termes , à ajouter animé , concret visualilable ; certains d'entre eux sont petites plaisanteries , l'ajout d'un

toucher de comique d'alléger la charge du lecteur . Parfois, cependant , l'analogie se déplace

dans le courant de l'argument et sert un but rhétorique plus directe ; c'est

vrai , assez étonnamment , beaucoup plus souvent dans le vol. wiv , qui contient l'austère

papiers métapsychologiques , que dans le vol . Wii , en grande partie consacré au cas de Schreber et la

documents sur technigue . Il s'avère, cependant , que l'utilisation argumentative de l'analogie se produit

en grande partie dans les passages polémiques où Freud tente de réfuter le principal arguments avec lesquels Jung et Adler sectionnés leurs liens à la psychanalyse classique ; la plupart du temps ,

elle prend la forme de ridicule , une forme de discréditer un adversaire en faisant son argumentation

apparaître ridicule plutôt que de répondre sur son propre terrain . Il n'est pas difficile de comprendre

comment Freud en colère a dû ressentir les apostasies en succession rapide de deux de ses plus

adhérents doués et prometteurs , ainsi que la forte incidence eu son effet habituel de la dégradation de la

niveau de l'argumentation .

Freud a utilisé des analogies dans deux autres sortes de façons dans les journaux métapsychologiques ,

cependant. Dans quelques cas , l'analogie semble avoir joué le rôle d'un modèle . Autrement dit,

quand il écrit que complexe kLe de mélancolie se comporte comme une plaie ouverte , dessin à

lui-même. . hanticathexes ». . . de toutes les directions , et de vider l'ego jusqu'à ce qu'il soit totalement

pauvres '' (1917 , p . 253) , il fait revivre une image qu'il avait utilisé dans un inédit projet , rédigé et envoyé à Fliess 20 ans plus tôt (1ff7 - 1902, p 107f . .) ; en outre , il était à

l'utiliser à nouveau cinq ans plus tard dans la théorie de la névrose traumatique (1920 ,
p . 30) . intéressant
assez , dans aucune de ces versions ne Freud dit explicitement ce qu'il ya sur une plaie
qui
fait une analogie utile . De toute évidence , cependant, il avait à l'esprit la façon dont les
leucocytes
rassembler autour des marges d'une lésion physique , un mécanisme de défense
médicale qui peut
bien être un ancêtre principal de la notion de mécanismes de défense psychiques .
Certes, il a formé
un modèle important de la pensée de Freud , qui a directement influencé les types de
constructions psychologiques qu'il invoquée et certains de ce qu'il a fait avec eux .

L'autre utilisation d'une figure longue discours n'emploie pas une analogie dans le strict
sens et n'est donc pas indexé . (En effet , la grande majorité des analogies de Freud ne
sont pas indexées ;
seulement ceux qui ressemblent à de longues comparaisons épiques . Mais le texte est
tellement dense tropes de
une sorte ou d'une autre que d'un index complet serait impraticable énorme .) je suis
se référant à l'exemple d'un dispositif freudien caractéristique, le mythe kscientific , i
comme il
appelé le meilleur - exemple connu , la légende de la horde primitive . Vers le début de
kInstincts et leur Vicissitudesi (1915a) , après avoir examiné le concept d'entraînement
Guite
abstraite du point de vue de la physiologie , et par rapport à la notion de kstimulus , i dit-
il tout à coup :
Imaginons-nous dans la situation d'un organisme vivant presque entièrement
impuissants ,
encore non orientées dans le monde , qui reçoit des stimuli dans sa substance
nerveuse , (p.
119)
Quelle imageu arrêter Et notez que ce n'est pas une simple figure classique de la parole ,
dans lequel l'homme est point par rapport au point à un organisme primitif hypothétique.
Au lieu de cela ,
ici nous sommes donné une invitation à l'identification. Freud nous encourage à
anthropomorphile ,
d'imaginer comment il serait si nous, les adultes et les personnes de pensée , nous
étions dans l' impuissance et
position exposée il continue à dessiner de manière graphique . Il semble donc naturel ,
quand il
attributs facilement à la petite animalcule non seulement la conscience mais l'auto -
awarenessean
attribuons nous realile , à la réflexion sobre , pour être un être humain uniguely et assez
sophistiqué

réalisation . Sa phrase introductive, cependant, nous invite à la fois à suspendre l'incrédulité et
renoncer aux règles habituelles de la pensée scientifique . C'est comme les Klet de d'un enfant prétendent " ; elle nous conduit à
s'attendre à ce que ce n'est pas tant un moyen de pousser son argument présenté comme un temporaire
digression indicatif ; comme ses analogies habituelles , vacances picturale du disque théorique

penser . Nous découvrons bientôt qu'il utilise cette suspension des règles comme un moyen de lui-même la liberté et la fluidité de raisonnement qui ne seraient autrement pas acceptable permettant . Et pourtant, il procède par la suite, comme si le point a été prouvé d'une manière rigoureuse .
La conception d'une piscine organisme complètement vulnérable dans une mer de dangereux
énergies est une autre image récurrente qui semble avoir fait une profonde impression sur
Freud . Il joue un rôle encore plus important dans le développement de son argumentation dans Au-delà de la
Principe de plaisir , si elle est introduite de façon un peu plus sobre (Klet nous Imaginez une
organisme vivant dans sa forme la plus simplifiée possible comme une vésicule indifférenciée d'un
substance qui est sensible à stimulationi ; 1920, p . 26) . Pourtant, il ne présente pas explicitement
comme une hypothèse sur la nature du premier organisme vivant; en fait, il ne devient jamais
Guite clairement quel genre de statut existentiel ce kvesiclei a . Freud procède avec une certaine
digressions de supposer que l'organisme serait tué par les energiesi puissants kmost l'entoure si elle reste non protégé , et que la cuisson de la couche externe formée d'un croûte qui protégeait ce qui se trouvait en dessous. Soudain , Freud fait un bond puissants de ce
original, cellule vivante en partie endommagé : kEn très développé organismes cortical réceptif
couche de l'ancien vésicule a longtemps été retiré dans les profondeurs de l'intérieur de la
corps , si des parties de celui-ci ont été laissés sur la surface immédiatement sous le bouclier générale contre stimuli (p. de 27f .) . Implicitement , il a supposé que son unicellulaire
Adam a été fructueuse et a peuplé la terre , toujours en passant le long de ses croûtes originaux
par l'hérédité des caractères acguired .

Juste quand vous pensez que Freud présente , une théorie de Lamarck hautement fantaisiste sur
l'origine de la peau , il passe la métaphore . Mais d'abord, il hypothesiles que kLe

déplaisir spécifique de la douleur physique est probablement le résultat de l'écran de protection ayant
été franchi . . . Énergie d'investissement est appelé à partir de toutes les parties à fournir des
cathexes suffisamment élevés de l'énergie dans les environs de la violation . Un hanticathexis 'sur un
grande échelle est mis en place , au profit de laquelle tous les autres systèmes psychiques sont impoverishedi
(p. 30) . Long sur ici , la forte - lecteur yeux fera une double prise : c'était comme si Freud parlait d'une blessure physique dans la peau , mais ce se convoqué à son marges ne sont pas les globules blancs mais Guanta de energyu psychiques Puis sur la page suivante ,
nous apprenons que kpreparedness pour l'anxiété et le surinvestissement des systèmes réceptives
constituent la dernière ligne de défense du bouclier contre les stimuli i (p. 31) . Ce bouclier , qui
semblait tellement concret et physique , se révèle être une métaphore enveloppée dans un mythe .
Il est vrai que toute cette quatrième chapitre a été introduit par le paragraphe désarmante franchise suivante :
Ce qui suit est la spéculation , souvent loin - la spéculation par les cheveux, que le lecteur
examiner ou rejeter selon son goût individuel . Il est en outre une tentative d' suivre sur une idée cohérente, par curiosité, pour voir où il nous mènera . (1920 , p . 24)
À la lumière de l'évolution ultérieure des théories de Freud , où comme nous l'avons vu, il est venu de se pencher sur ce tissu curieux de spéculations comme s'il s'agissait d' un tissu vaillamment de soutien , il semble que cette clause modeste est un autre Klet de faire semblant , " afin que Freud , comme Brittania , peut déroger aux règles .

La rhétorique de FREUD
Le résultat de cette enquête sur les moyens de Freud utilisé dans sa recherche de la vérité est qu'il
beaucoup misé sur tous les dispositifs classiques de la rhétorique . L'effet n'est pas de prouver , dans toute
sens rigoureux , mais à convaincre , à l'aide dans une certaine mesure les dispositifs d'un essayiste , mais même

plus ceux d'un orateur ou un avocat , qui écrit son mémoire et fait valoir le cas avec tous les eloguence à sa disposition . Remarquez que j'ai fondé cette conclusion principalement sur une enquête des plus techniques , théoriques papiers et de livres de Freud . Dans ces œuvres magistrales pour le lecteur général comme son diverses séries de conférences d'introduction (1916-1917 ; 1933) ou la question de l'analyse profane (1926 b) , de la forme rhétorique est encore plus explicite ; le dernier ouvrage nommé est effectivement coulé sous forme d'un dialogue élargi , prêtant l'oreille directement à des textes grecs classiques de Freud qui aimait tant .

Il ya une tendance aujourd'hui à prendre krhetorici comme un terme péjoratif légèrement . Sauf dans l'esprit des platoniciens , il n'avait pas cette connotation à l'époque classique . Comme Kennedy (1963) souligne ,

L'un des principaux intérêts des Grecs était rhétorique . . . . A l'origine et l'intention rhétorique était naturel et bon : il produit la clarté , la vigueur et la beauté , et il est passé logiquement des conditions et gualities de l'esprit classique . La société grecque roposait sur l'expression orale . . . . L'agitation politique a été généralement accompli ou rejetée par le bouche à oreille . Le système judiciaire était également orale . . . Toute la littérature a été écrit pour être entendu , et même lors de la lecture d' un Grec se lire à haute voix (p. 3f).

Rhétorique , comme la théorie de la communication persuasive , était nécessairement une bonne affaire plus que cela ; c'était la seule forme de critique dans la pensée grecque . Dans l'une des définitions d'Aristote , la rhétorique est un processus de ka de la critique dans laquelle se trouve le chemin vers les principes de toute inguiriesi (Thèmes I ; guoted dans McBurney , 1936 , p 54 .) .

Depuis que la science n'était pas aussi fortement différencié des autres méthodes de recherche de la vérité

puis, comme il est devenu plus tard , la rhétorique était la chose la plus proche de la méthodologie scientifique que le

Grecs avaient . Dans la présentation de Artistotle , il y avait deux sortes de vérité : exactes ou certaines , et

probable. Le premier était la préoccupation de la science , qui fonctionne au moyen de syllogistique

logique ou une énumération complète . Tous les autres types de connaissances simplement probabiliste étaient les royaumes de inquiry argumentative , qui fonctionne au moyen de la dialectique et de la rhétorique . Mais la seule discipline à laquelle le critère d'Aristote knowledgei scientifique kungualified s'applique sont les mathématiques (interprété aujourd'hui pour comprendre la logique symbolique) ; seulement dans une science purement formelle procédure déductive stricte peut être utilisé et la certitude atteint .

Je vais dans autant de détails sur la rhétorique grecque parce qu'elle me suggère une possible

éclairante hypothèse . Tout ce que je peux faire pour rendre plausible est à souligner que Freud a fait

bien connaître le grec et lire les classiques de l'original ; et parmi les cinq cours ou

séminaires qu'il a eu avec Brentano était l'un sur la logique et au moins un sur kLe philosophie de
Aristotlei (Bernfeld , 1951) . Si Freud a reçu une formation en méthodologie , l' philosophie critique de la science , il était avec le philosophe Aristote - psychologue Brentano . Je n'ai pas trouvé n'importe où dans l'œuvre de Freud , toute référence à la Rhétorique d' Aristote
ou aucune preuve directe qu'il le savait ; le mieux que je puisse faire est d'offrir à ces morceaux de
preuve circonstancielle (ou , comme Aristote l'aurait dit , à faire un argument de signes). Il est donc possible que Freud fut ainsi introduit dans les dispositifs de la rhétorique
et le raisonnement probabiliste enthymemetic ou que les instruments légitimes de inguiry dans
questions empiriques . Son rejet de la spéculation , déduction exacte système - bâtiment peut
indiquer qu'il acceptait la dichotomie aristotélicienne entre exact (ou mathématique) et la vérité probable et le choix de travailler dans le monde réel et approximative où la rhétorique
était le moyen approprié d'aborder une seule vérité relative.
La façon dont j'ai mis ce point de vue brouille délibérément une distinction subtile mais importante
entre deux types de probabilisme : celui de la rhétorique , dans lequel les moyens techniques de

raisons plausibles sont utilisés pour améliorer dans l'esprit de l'auditeur du subjectif probabilité que la thèse de l'orateur est vrai ; et celui de la science moderne sceptiques , qui
utilise les méthodes les plus exactes et les plus rigoureuses possibles pour mesurer la probabilité d'un thesise
dire que le degré de confiance que nous pouvons avoir que c'est une bonne approximation de la réalité
qui peut être approché que asymptotiquement . Pour les premiers, la preuve est la mise en place de
croyance ; pour ce dernier , la vérification est le rejet d'une hypothèse nulle sûrement faux et le
acceptation temporaire d'une variante comme le meilleur disponible à l'heure actuelle . Je ne sais pas
croire que Freud voyait clairement cette distinction ; en tout cas , il n'a pas écrit comme s'il pensait
en ces termes .
Il était sûrement un superbe rhéteur , s'il était conscient ou non. Il était un maître de l'ensemble de ses cinq parties , dont nous avons parlé jusqu'à présent principalement les aspects de la première , invention , qui comprend les modes de preuve : la preuve directe , l'argumentation de la preuve et des moyens indirects de persuasion par la

force du personnel impression ou la présence (ethos) ou par kLe émotion qu'il est capable de réveiller par ses appels verbaux , ses gestes, i etc (pathos) (Kennedy , 1963, p . 10) . L'excellence de Freud à l'ethos et pathos , et aux deux parties de la mémoire et dernière livraison , est décrit par Jones :

Il était un conférencier fascinant . Les conférences ont toujours été éclairés par son humour ironique particulière . . . Il a toujours utilisé une voix faible , peut-être parce qu'il pourrait devenir un peu dur si tendues , mais parlait avec la plus grande distinction. Il n'a jamais utilisé les notes , et rarement fait beaucoup de préparation pour une conférence . . .

Le biographe adoration continue d'affirmer que Khe jamais utilisé oratoire , i mais il semble

être utiliser le terme au sens moderne comme synonyme de grandiloquence , qui n'était sûrement pas

ce que les anciens Grecs signifiait . Qu'est-ce que la description des convois de Jones oot un gonro tròc officaco do

présence personnelle . Freud

parlé intimement et de la conversation . . . On sentait qu'il s'adressait à nous personnellement . . . Il n'y avait pas de scintillement de condescendance en lui, pas même l'ombre d'un enseignant . Le public a été supposé composé de gens très intelligents à qui il souhaitait communiquer certaines de ses expériences récentes . . . (Jones , 1953, p 341F .).

En ce qui concerne les deux autres parties de la aristotélicienne cinq - division de partie de la rhétorique , la disposition et le style , beaucoup pourrait être écrit , mais ce serait empiéter sur la critique littéraire . Les Grecs analyled modèle évaluative en termes des quatre vertus de l'exactitude , la clarté , l'ornementation et à la bienséance ; Je vais simplement enregistrer mon impression que Freud gagnerait grades supérieurs sur l'ensemble de ces chefs d'accusation.

Freud se targuait d'avoir tenu à l'écart de la controverse bagarres de polémiques . Une seule fois, dit-il avec une certaine fierté dans son Autobiographie (1925) , at-il répondu directement un critique , dans 1f94 . Pourtant, il est évident qu'il a écrit dans une ambiance polémique grande partie du reste de sa vie , toujours avec une conscience que le lecteur pourrait être hostile . Il était explicite à ce sujet dans de nombreuses lettres à ses disciples . Par exemple, pour Jung en 1909 :

Nous ne pouvons pas éviter les résistances , alors pourquoi ne pas plutôt les contester au onces moi attaque est la meilleure défense . Peut-être que vous sous-estimez l'intensité de ces résistances quand vous espérez pour les contrer avec de petites concessions . (tuoted à Jones , 1955, p . 436)

Et à Pfister deux ans plus tard :

Il n'est guère possible d'avoir un débat public sur la psychanalyse ; on n'a pas de terrain d'entente et il n'y a rien à faire contre les émotions qui se cachent . Le mouvement est préoccupé par les profondeurs , et les débats à ce sujet doit rester comme un échec que les disputes théologiques à l' époque de la Réforme . (Jones , 1955, p 450f .).

Sentant ce fortement , Freud n'aurait pas pu faire d'autre que d'aborder la tâche de l'exposition comme l'un des argument. La chose est amaling que l'épéiste verbale qualifiée laisser le scientifique Freud avez la parole autant qu'il did.7

RÉSUMÉ
Et maintenant, permettez- moi de revenir à un style cognitif dans son sens technique contemporain . comme Klein
l'utilise , un style cognitif characteriles une personne et sa façon unique de traitement information. Il ya , bien sûr , les similitudes entre les gens dans ces domaines , et la dimensions dans lequel les styles cognitifs peuvent être analyled sont appelés contrôle cognitif
principes . (Le plus près définitif déclaration des principes découverts par Klein et ses collaborateurs est contenue dans la monographie de Gardner , Hollman , Klein , Linton , m
Spence , 1959.)
Nous avons vu que Freud avait , à un degré inhabituel , une tolérance à l'ambiguïté et incohérence . Il en avait besoin . Comme je l'ai soutenu dans les sections précédentes , ci-dessus , sa pensée a toujours pris
placer dans le contexte de conflits généralisés . Dans le premier de ces offres - esprit , spéculative ,
large - allant et fantasylike penser découlant de Naturphilosophie a été piqué contre la physiologie de physicaliste disciplinée de ses professeurs vénérés . Le second conflit ensembles concernés de propositions sur la réalité et les êtres humains et, plus généralement , de deux
points de vue opposés du monde, un humaniste et une image mécaniste de maneone artistique , littéraire ,
et philosophique , l'autre fondée sur un idéal réductionniste de la science et de sa promesse de
progresser dans l'objectivité et la rigueur . Par ailleurs , des affrontements modèles métapsychologiques de Freud

7 En bref écologique de côté , je voudrais suggérer que Freud aurait pu être moins d'un combattant dans son
écrit s'il avait travaillé à partir de la sécurité de protection d'un poste universitaire . Son précieux professeur fait
pas porter mandat ni un salaire ; Freud fonctionne toujours de la situation exposée et solitaire privé
pratique.

en de nombreux points cruciaux avec la réalité ; si un autre conflit a eu lieu entre un ensemble de
Hypothèses d'orientation de base de Freud et sa connaissance croissante des faits sur comportement.
En raison de tous ces conflits , je crois qu'il a dû opérer dans sa caractéristique lâche - façon articulée . S'il avait eu un besoin compulsif de clarté et de cohérence , il aurait probablement dû faire des choix et à résoudre ses conflits intellectuels . S'il avait suivi la voie du disque - la science au nez , il aurait été prisonnier des méthodes et hypothèses qu'il a appris dans son école de médecine et son laboratorieseanother , plus doué Exner , qui aurait écrit une série de livres excellents neurologiques comme la un sur l'aphasie , mais qui aurait probablement imité ses contemporains prudents en direction claire des hystériques . Et si il avait tourné le dos à l' effort de discipline scientifique et avait ouvert les vannes de son inventivité spéculative , nous aurions pu avoir une série de Nature - essais philosophiques , mais rien de tel que la psychanalyse ; ou si l'humaniste en lui avait résolument conquis le mécaniste , il aurait écrit des romans brillants mais n'aurait jamais fait ses grandes découvertes .
Mais parce que Freud a pu garder un pied dans l'art et un dans la science, parce qu'il ne pouvait
confortablement conserver la sécurité d'un modèle hérité de sommités dans le domaine , sans son
tout l'aveuglant les aspects de la réalité pour laquelle il n'a pas sa place , il a pu être extraordinairement créative . Originalité productif dans la science implique une dialectique de la liberté
et le contrôle , la flexibilité et la rigueur , de la spéculation et de l'auto - contrôle critique . sans une certaine
relâchement des chaînes de classique , coffre-fort , secondaire - réflexion sur les processus , il ya peu de
originalité ; Pegasus doit avoir une chance de prendre leur envol . Mais la libération ne suffit pas . si

flexibilité n'est pas accompagnée par la discipline , il devient fluidité, et puis nous avons un visionnaire, un Phantast (comme Freud lui-même une fois et Fliess appelé) au lieu d'un scientifique. C'était juste ce que Freud craignait en lui-même . Les idées audacieuses mais fructueuses doivent être triées de ceux simplement audacieux ou positivement farfelues ; idées doivent être soigneusement vérifiés ; nouveaux concepts doivent être élaborés dans une structure de lois pour qu'elles s'adaptent en douceur , contrefort et s'étendent l'édifice . Tout cela prend une attitude qui est contraire à la plus stricte de création d'un plus tôt . Il demande beaucoup d'un homme , donc , qu'il soit adepte dans les deux types de pensée et capable de passer de façon appropriée du rôle de rêveur à celui de porte-parole . Peut-être que c'est une raison pour laquelle nous avons si peu de vrais grands scientifiques .

Cette première caractéristique majeure du style cognitif de Freud est saisissante qui rappelle le
principe du contrôle cognitif appelé par Klein et ses associés tolérance à l'instabilité ou des expériences réalistes . sujets khTolerant 'pas par rapport à onesq intolérant semblaient en
le contact avec la réalité egually adeguate externe , mais étaient beaucoup plus détendu dans leur
l'acceptation de deux idées et organilations perception que reguired déviation de la " conventionnel (Gardner et al. , 1959, p. 93) . C'est une sorte détendue et imaginatif de l'esprit ,
contrairement à la nature qui s'accroche de façon rigide à une réalité interprété littéralement . Et Freud (1933)
était exceptionnellement prêt à envisager des hypothèses parapsychologiques qui vont bien au-delà
concepts scientifiquement classiques de la réalité . Telepathy est Guite littéralement une kunrealistic
experience.l
Si Freud était tolérant de l'ambiguïté , l'incohérence , l'instabilité et irréaliste expériences , il y avait un semblable - état qu'il ne pouvait pas tolérer de sondage : insignifiance , l'hypothèse selon laquelle un processus stochastique était ou qu'un phénomène

eu lieu en raison de l'erreur aléatoire . Sans doute cette attitude a conduit parfois à surinterprétation des données et de la lecture meaningeespecially dynamique ou de motivation
comportement meaningeinto injustifiée . Mais elle a aussi incité ses découvertes fondamentales , telles que
que du processus primaire et l' interprétation des rêves , névrotique et psychotique symptômes .
Voyons si les cinq autres dimensions décrites par Gardner , Hollman ,
Klein , Linton , et Spence ne forment pas un cadre utile pour summariling la manière de Freud
de penser . Il semble certainement probable que Freud a été fortement domaine - indépendant . Inner ---
réalisé qu'il était sûrement , et Graham (1955) a montré un lien empirique entre Riesman de (1950) et Witkin 'S (1949) concepts . Voici le Gardner et al . Description de
le genre de personne qui est domaine - independentenot nettement dépendant du champ visuel
pour l'orientation à la verticale : il est characteriled par k (a) l'activité dans le traitement de la
environnement ; (b). . . Hinner vie » et le contrôle effectif des impulsions , avec une faible anxiété ; et (c)

haute estime - estime de soi, y compris la confiance dans le corps et un corps
relativement adulte - l'image . i Il
sons une bonne affaire comme Freud , sauf peut-être pour son ambivalente et plutôt
l'attitude hypocondriaque vers son bodyekpoor Konrad , i comme il ironiquement appelé.
Linton
(1955) a également démontré que le terrain - des personnes indépendantes sont peu
sensibles à un groupe
influence , sans doute vrai de Freud .
Dans sa préférence pour un petit nombre de motivation très largement défini
concepts , Freud semble avoir eu un large éventail d'équivalence . Et sur la dimension
de Klein
souple par rapport au contrôle resserré , Freud aurait certainement obtenu de bons
résultats au cours de la
fin flexible. N'était-il pas krelatively aise dans les situations impliquant contradictoires ou

indices intrusives . . . pas overimpressed avec un organilation de relance dominante si . . .
une autre partie du champ pwasq plus appropriateis Et sûrement il kdid pas tendance à
supprimer le sentiment et l'autre interne cues.i Ceci est la description de la souplesse - (. .
Gardner et al , 1959 , p 53f .) sous contrôle .
Les deux autres dimensions du contrôle cognitif semblent moins pertinentes .
Numérisation (contre
mise au point) comme un moyen de l'utilisation de l'attention peut sembler suggérer la
manière dont Freud a assisté à son
patients , mais il est gualitatively différente. Le balayage est accompagnée par la
capacité de
se concentrer sur ce qui est important , mais au prix de l'isolement de l'affect et
overintellectualilation ; il n'est pas tellement détendu assister passivement comme une
itinérance sans relâche
rechercher tout ce qui peut être utile . Et pour autant que je puisse en juger , Freud
n'était pas
soit un niveleur ou un taille-crayon ; il ni habituellement distinctions floues et simpliste
il n'était pas spécialement attentif aux différences fines et toujours à l'affût pour de
légers changements dans
situations .
Il est juste de conclure , je pense , que certains de ces principes de contrôle cognitif
semblent
Guite apt et utile, mais une bonne partie de la saveur de la unigueness de Freud
comme un penseur est
perdu lorsque nous les appliquons à lui . En outre, quelques autres aspects du style
cognitif
ont été suggérés comme characteriling Freud . Kaplan (1964) commence une
discussion générale de
le style cognitif des spécialistes du comportement ainsi : k . . . pensée et son expression
sont sûrement

pas tout à fait étrangère à l'autre , et comment les résultats scientifiques sont formulés pour
incorporation dans le corps de connaissances reflète souvent des traits stylistiques de la pensée
derrière themn (p. 259) . Il décrit ensuite six modèles principaux , et mentionne Freud dans
connexion avec les deux premiers d'entre eux : la littérature et les styles académiques . le littéraire

style est souvent préoccupé par les individus , interprété klargely en termes de spécifique
buts et points de vue des acteurs , plutôt qu'en termes de l'abstrait et général
catégories de propre schéma explicatif du scientifique . . . Les études de Freud sur Moïse et
Leonardo . . . exposer quelque chose de ce style . " Le style académique , en revanche, est kmuch
plus abstraite et générale . . . Il est une tentative pour être précis , mais il est plutôt verbale
de fonctionnement . Des mots ordinaires sont utilisés dans des sens spéciaux , pour constituer une technique
vocabulaire . . . . pTreatment du DATAQ a tendance à être très théorique , si elle n'est pas , en effet , à titre purement
spéculative . Système est introduit par le biais de grands hprinciples ', appliqué à plusieurs reprises pour
cas spécifiques , qui illustrent la generalilation plutôt que servir de preuves pour elle " . Kaplan
cite kessays dans la théorie psychanalytique " généralement à titre d'exemples , mais je crois qu'il est évident
comment ces descriptions characterile et summarile beaucoup de ce que j'ai fait sortir de Freud .

Un décalogue pour le lecteur de Freud

Pour conclure, permettez -moi de revenir à ma déclaration initiale qu'une meilleure compréhension de
Arrière-plan intellectuel de Freud et le style cognitif aideraient le lecteur contemporain à lui lire un aperçu plutôt que confusion , et d'essayer de lui donner corps sous la forme de dix
remontrances . Comme un autre décalogue , ils peuvent être réduits à une règle d'or : être empathique
plutôt que projectiveelearn ce sont les propres termes de l' homme et de l'emmener sur eux .
Une . Méfiez-vous des déclarations de levage hors contexte . Cette pratique est particulièrement tentant de

les auteurs de manuels , les critiques polémiques et recherche - psychologues cliniciens esprit qui sont
plus désireux d'obtenir le droit à l'expérimentation de propositions que de procéder à l'étude d'une lente
vaste corpus de la théorie . Il n'ya pas de substitut suffisamment de Freud lecture pour obtenir son plein
sens , qui n'est presque jamais pleinement exprimé dans un seul paragraphe sur n'importe comment
un point spécifique .
2 . Ne prenez pas de formulations extrêmes de Freud littéralement . Traitez-les comme sa façon d'appeler
votre attention sur un point . Quand il dit knever , i kinvariably , i kconclusively , i et similaires ,
lire la suite pour les déclarations de gualifying et adoucissantes . Rappelez-vous le changoment qui a eu
placer dans l'atmosphère générale depuis Freud a écrit ses œuvres majeures ; l'acceptation sociale et
respectabilité ont remplacé choc et d'hostilité , qui a fait Freud estiment que le sien était un petit
et la voix solitaire dans un désert froid , de sorte qu'il a dû crier pour être entendu du tout .

3 . Recherchez les incohérences ; faire ni trébucher dessus ou Seile sur eux avec

joie mauvaise , mais les prendre comme des formulations dialectiques incomplètes en attente de la synthèse que le style cognitif de Freud lui fait toujours reculer devant .

4 . Soyez à l'affût de langage figuré , personnification en particulier (réifié formulations de concepts que homunculi). Rappelez-vous que c'est là principalement pour la couleur , même si elle a parfois conduire Freud lui-même égaré , et qu'il est plus juste de lui à s'appuyer principalement sur ceux de ses déclarations de questions qui sont moins poétique et dramatique .
5 . Ne vous attendez pas des définitions rigoureuses ; chercher plutôt à la signification de ses termes de l'
des moyens sont utilisés au cours d'une période de temps. Et ne soyez pas consterné si vous trouvez un mot étant
utilisé à un endroit dans son sens ordinaire , littéraire , à un autre dans un sens technique spécial
qui change avec le niveau de développement de la théorie . Une entreprise comme la Dictionnaire de la psychanalyse , mis sur pied par un couple d'analystes industrieux mais égarés
qui a levé définition - comme des phrases de plusieurs des œuvres de Freud , est complètement dans l'erreur en

conception et trahit une méconnaissance totale du style de Freud de penser et de travailler .
6 . Soyez bienveillance sceptique sur les affirmations de Freud de la preuve que quelque chose a été établi hors de tout doute . Rappelez-vous qu'il avait des normes de preuve différentes que nous faisons aujourd'hui , qu'il rejetait en partie d'une expérience trop - conception étroite de celui-ci et en partie parce qu'il avait trouvé son style incompatible longtemps avant même que les premiers travaux de RA Fisher , et tend à confondre une observation répliqué avec une théorie garantie du phénomène dans question .
7 . Rappelez-vous que Freud a été overfond de dichotomies , même lorsque ses données étaient mieux
conceptualiled comme des variables continues ; en général , ne présumez pas que la théorie est
invalidée par son étant dit la plupart du temps sous forme méthodologique indéfendable .

f . Méfiez-vous de la force de persuasion de Freud . Gardez à l'esprit qu'il était un rhéteur puissante dans les domaines où son pied scientifique était incertain . Bien qu'il ait été souvent raison , il n'est pas toujours pour les raisons qu'il a données , qui sont presque jamais vraiment suffisant pour prouver son cas , et pas toujours dans la mesure où il l'espérait.
Enfin , être particulièrement prudent pour ne pas graviter vers l'une des deux positions extrêmes et egually intenables : c'est-à-
9 . Ne pas prendre chaque phrase de Freud comme une vérité profonde qui peut présenter des difficultés
mais seulement à cause de nos propres inadeguacies , notre difficulté piétonne à maintenir en place avec le
esprit flambée d'un génie qui n'ont pas toujours pris la peine d'expliquer les mesures qui ont été évident pour
lui , mais que nous devons fournir par l'érudition exégétique laborieux . C'est la tentation des chercheurs travaillant à l'intérieur des instituts de psychanalyse , ces freudiens sérieux
qui , à l'agacement de Freud , avait déjà commencé à se manifester au cours de sa vie. Pour la plupart d'entre nous
dans les universités , la tentation correspondante est la plus dangereuse :
10 . Ne vous laissez pas tellement offensés par les défaillances de Freud de pureté méthodologique
vous lui renvoyez tout à fait. Presque tout lecteur peut apprendre un lot énorme de Freud s'il
va écouter attentivement et avec bienveillance et ne pas prendre trop au sérieux ses déclarations .

référence

Amacher , P. 1965. L'éducation neurologique de Freud et son influence sur la psychanalyse
théorie . Problèmes psychologiques , 4 : Monographie n ° 16 .
Andersson . O. 1962 . Études dans la préhistoire de la psychanalyse : l'étiologie de psyclioneuroses et des thèmes connexes dans les écrits et les lettres, 1886 scientifiques de Sigmund Freud - 1896 . Stockholm : Svenska Bokförlaget Norstedts .
Bernfeld , S. 1944 . Premières théories de Freud et l'école de Helmholtl . psychanalytique
Quarterly, 13 : 342 --- 362 .
xxxxx 1951. Sigmund Freud . M.D. . 1ff2 --- 1ff5 . International Journal of Psychoanalysis , 32 :
204 --- 217 .
Ennuyeux . E. G. 1954 . Examen des kLe vie et l'œuvre de Sigmund Freud.n Vol. I. par Ernest Jones .
Psychological Bulletin , 51 : 433 --- 437 .
Breuer . J. . Et Freud . S. 1955. Études sur l'hystérie . Standard Edition , Vol. 2 .
Londres :
Hogarth .
Bry , Ilse . et Rifkin . Un H. 1962. Freud et l'histoire des idées : les sources primaires . 1ff6 --- 1910.
Dans la science et la psychanalyse , Vol. V. , éd . J.H. Masserman . New York: Grune m Stratton .
Chein . I. 1972. La science du comportement et l'image de l'homme . New York: Basic Books .
Cranefield . P.F. 1957. La physique organique de 1f47 et la biophysique d'aujourd'hui . Journal de
Histoire de la Médecine , 12 : 407-423 .
Culbertson , J.T. 1963. Les esprits des robots . Urbana : University of Illinois Press .
Darwin . C. (1f59) Sur l'origine des espèces . Cambridge : Harvard University Press . 1964.
Ellenberger . H. F. 1956 . Fechner et Freud . Bulletin de la Clinique Menninger , 20 : 201 - 214.
xxxxx 1970 . La découverte de l'inconscient ; l' histoire et l'évolution de la psychiatrie dynamique .
New York: Basic Books .
Freud . S. (1F95) Projet pour une psychologie scientifique . Standard Edition , Vol. Une . Londres :

Hogarth Press , 1966.

xxxxx (1f96) L' étiologie de l'hystérie . Standard Edition . Vol. 3 . Londres : Hogarth .
1962. xxxxx (1ff7 - 1902) Les origines de la psychanalyse . New York: Basic Books .
1954 .

xxxxx (1900) L'interprétation des rêves . Standard Edition , vol . 4 5 m . Londres :
Hogarth .
1953 .

xxxxx (1901) La psychopathologie de la vie quotidienne . Standard Edition . Vol. 6 .
Londres :
Hogarth . I960 .

xxxxx (1905a) d'esprit et sa relation à l'inconscient . Standard Edition , Vol. f . Londres :
Hogarth , 1960.

xxxxx (1905b) Trois essais sur la théorie de la sexualité . Standard Edition , Vol. 7 .
Londres :
Hogarth , 1953.

xxxxx (1905C) Fragment d'une analyse d'un cas d'hystérie . Standard Edition , Vol. 7 .
Londres :
Hogarth , 1953.

xxxxx (1906) Mon point de vue sur le rôle joué par la sexualité dans l'étiologie des
névroses .
Standard Edition , Vol. 7 . Londres : Hogarth , 1953.

xxxxx (1912A) Conseils aux médecins psycho - analyse . Standard Edition ,
Vol. 12 . Londres : Hogarth , 195F .

xxxxx (1912b) Une note sur l'inconscient en psycho - analyse . Standard Edition , Vol.
12 .
Londres : Hogarth , 195F .

xxxxx (1913) Totem et tabou . Standard Edition , Vol. 13 . Londres : Hogarth , 1955.

xxxxx (1914) Le narcissisme : Une introduction . Standard Edition , Vol. 14 . Londres :
Hogarth ,
1957.

xxxxx (1915A) Instincts et leurs vicissitudes . Standard Edition , Vol. 14 . Londres :
Hogarth ,
1957.

xxxxx (1915 b) la répression . Standard Edition , Vol. 14 . Londres : Hogarth . 1957.

xxxxx (1915c) L'inconscient . Standard Edition , Vol. 14 . Londres : Hogarth , 1957.

xxxxx (1916-1917) les conférences d'introduction à la psycho - analyse . Standard
Edition , vol . 15 m 16 .
Londres : Hogarth , 1963.

xxxxx (1917) Deuil et mélancolie . Standard Edition , Vol. 14 . Londres : Hogarth , 1957.

xxxxx (1920) Au-delà du principe de plaisir . Standard Edition , Vol. 1f . Londres :
Hogarth ,
1955.
xxxxx psychologie (1921) du Groupe et l'analyse de l'ego . Standard Edition , Vol. 1f .
Londres : Hogarth , 1955.
xxxxx (1923) Le Moi et le Ça . Standard Edition , Vol. 19 . Londres : Hogarth , 1961.
xxxxx (1925) Une étude autobiographique . Standard Edition , Vol. 20 . Londres :
Hogarth , 1959.
xxxxx (1926 a) Inhibition, symptôme et angoisse . Standard Edition , Vol. 20 . Londres :
Hogarth , 1959.
xxxxx (1926 b) Le guestion de l'analyse profane . Standard Edition , Vol. 20 . Londres :
Hogarth ,
1959.
xxxxx (1927) L'avenir d'une illusion . Standard Edition , Vol. 21 . Londres : Hogarth ,
1961.
xxxxx (1930) Civililation et ses mécontentements . Standard Edition , Vol. 21 . Londres :
Hogarth ,
1961.
xxxxx (1933) Nouvelles conférences d'introduction à la psycho - analyse . Standard
Edition , Vol. 22 .
Londres : Hogarth , 1964.
xxxxx (1934 - 3f) Moïse et le monothéisme : trois essais . Standard Edition , Vol. 23 .
Londres :
Hogarth , 1964.
xxxxx (1940) Un aperçu de la psycho - analyse . Standard Edition , Vol. 23 . Londres :
Hogarth ,
1964.
xxxxx (1960) Lettres de Sigmund Freud . E. L. Freud . New York: Basic Books .
Galdston , I. 1956. Freud et la médecine romantique . Bulletin de l' histoire de la
médecine , 30 : 4F9 -
507 .
Gardner , RW , Hollman , PS , Klein , GS , Linton , Harriet B. , et Spence , DP 1959.
Contrôle cognitif , une étude de consistances individuelles de comportement cognitif .
Problèmes psychologiques , 1 , Monographie n ° 4 .
Genung , J. F. 1900. Les principes de fonctionnement de la rhétorique . Boston : Ginn .
Graham , Elaine . 1955. Intérieures - dirigées et d'autres - attitudes dirigées . de
doctorat non publiée
thèse , Université de Yale
Holt , R. R. 1961. Le jugement clinique comme inguiry disciplinée . Journal de nerveux
et mentale

Maladie , 133 : 369 --- 3f2 .

xxxxx 1962. Un examen critique de la notion freudienne de limite vs cathexis gratuits .
Journal de
l'Association psychanalytique américaine , 10 : 475-525 .

xxxxx 1963. Deux influences sur la pensée scientifique de Freud : un fragment de la
propriété intellectuelle
biographie . Dans l'étude de la vie , ed . R. Blanc . New York: Atherton Press.

xxxxx 1964. Imagerie : le retour de la ostraciled . American Psychologist , 194 : 254 ---
264 .

xxxxx 1965a . Un examen de certaines des hypothèses biologiques de Freud et de leur
influence sur son
théories . En psychanalyse et de la pensée biologique actuelle , éd . N. Greenfield et W.
Lewis . Madison : University of Wisconsin Press .

xxxxx 1965b . Style cognitif de Freud . Américain Imago , 22 : 167 --- 179 .

xxxxx 1967 . Au-delà de vitalisme et mécanisme : le concept freudien de l'énergie
psychique . dans la science
et la psychanalyse , éd . J. H. Masserman . Vol. wl , New York: Grune m Stratton .

xxxxx 196f . Freud , Sigmund . Encyclopédie internationale des sciences sociales , vol .
6 . nouveau
York : Macmillan , The Free Press .

xxxxx 1972a . Images mécanistes et humanistes de Freud de l'homme . En
psychanalyse et
la science contemporaine , éd . R.R. Holt et E. Peterfreund . Vol. I. New York:
Macmillan

xxxxx 1972b . Sur la nature et de la généralité de l'imagerie mentale . Dans la fonction
et la nature de
imagerie , éd . P. W. Sheehan . New York: Academic Press .

Hunter , RA , et Macalpine , I. , eds . 1963. Trois cents ans de psychiatrie , 1535 - 1860 :
une
l'histoire présentée dans les textes anglais sélectionnés . London: Oxford University
Press.

Jackson , S. W. 1969. L'histoire des concepts de Freud de régression . Journal de
l'American
Association psychanalytique , 17 : 743 - 7F4 .

Jones , E. 1953, 1955, 1957. La vie et l'œuvre de Sigmund Freud , vol . I, II, III m . New
York:
Basic Books .

Kaplan , A. 1964 . La conduite de l'enquête . San Francisco : Chandler .

Kennedy , G. 1963. L' art de la persuasion en Grèce . Princeton : Princeton University
Press .

Klein , G. S. 1951. Le monde à travers la perception personnelle . Perception : Une
approche
personnalité , éd . R. R. Blake et G. V. Ramsey . New York: Ronald Press .

xxxxx 1970 . Perception , les motivations et la personnalité. New York: Knopf .

Linton , Harriet B. 1955. Dépendance à l' influence externe : corrélation dans la perception ,
attitudes et le jugement . Journal of Abnormal Psychology et sociale , 51 : 502-507 .

McBurney , J. H. 1936. La place de l'enthymème dans la théorie rhétorique . Discours monographies,
3 : 49 --- 74 .

Nunberg , H. (1931) La fonction de synthèse de l'ego . Dans la pratique et la théorie de la psychanalyse . New York: m nerveux maladies mentales Publishing Co. , 194F , pp i20 -
130 .

Rapaport , D. 1959. La structure de la théorie psychanalytique : Une tentative de systematiling . dans
Psychologie : Une étude d'une science , Vol. 3 , éd . S. Koch . New York: McGraw --- Hill.

xxxxx et Gill , M. M. 1959 . Les points de vue et les hypothèses de la métapsychologie . International Journal of Psycho - Analyse , 40 : 153-162 .

Riesman , D. 1950. La foule solitaire . New Haven : Yale University Press .

Spehlmann , R. 1953. Sigmund Freud Neurologische Schriften : Eine Unter - zur suchung
Der Vorgeschichte Psychanalyse . Berlin : Springer Verlag . (Résumé en anglais par H. Kleinschmidt dans l'Enquête annuelle de la psychanalyse , 1953 , 4 : 693-706) .

Witkin , H. A. 1949. La perception de la position du corps et de la position du champ de vision .
Psychologiques monographies , 63 . (7 . Tout n ° 302) .